RENÉ SCHWAEBLE

LA DIVINE MAGIE

Une Conversion. L'Eglise et la Science.
L'Hermétisme chrétien. L'Imposition des mains.
La Pierre philosophale.
Une transmutation contemporaine.
Le Spiritisme. Des Hérésies.

PARIS
CHEZ TOUS LES LIBRAIRES

1918

LA DIVINE MAGIE

DU MÊME AUTEUR :

Les Pierres vivent et meurent (La forme et la vie minérale, Les propriétés et l'évolution de la forme, Génération spontanée des métaux et des métalloïdes, L'alchimie et les alchimistes, La vie minérale, Croissance, reproduction et mort de la cellule minérale, etc.), avec 12 phototypies hors texte . . . . 4 fr. 50

Les Excentricités médicales (La médecine au Moyen-âge, La médecine astrologique, Cure sympathique, Possession, Magnétiseurs, Empiristes et guérisseurs, etc.), avec un portrait de Paracelse. . . . . 4 fr. »

RENÉ SCHWAEBLÉ

LA DIVINE MAGIE

Une Conversion. L'Eglise et la Science.
L'Hermétisme chrétien. L'Imposition des mains.
La Pierre philosophale.
Une transmutation contemporaine.
Le Spiritisme. Des Hérésies.

PARIS
CHEZ TOUS LES LIBRAIRES

1918

A

Mgr R. H. BENSON

Hommage respectueux

LA DIVINE MAGIE

I

— Mon cher Maître, vous êtes un fourneau ! Je vous le répète pour la centième fois. Vous vivez en ours, dans un trou, vous regardez par la fenêtre vos concitoyens gaffer, s'empêtrer, s'embourber, et vous vous tordez ! C'est bien malin ! vous ne bougez pas, vous n'avez rien ni personne, vous vous fichez de tout, vous pouvez tout mépriser. Vous êtes un monument d'égoïsme. Mais aussi vous n'avez aucune joie...

— Eh ! mon cher Schwaeblé, vous venez de dire vous-même que j'ai celle de me payer la tête de mes concitoyens.

— Y compris la mienne ! Eh bien, aujourd'hui vous avez tort, la révolution est complète, je crois en Dieu, au Dieu de l'Eglise catholique, apostolique et romaine.

— Pour quinze jours !

— Non, non : j'ai subi un choc trop rude pour ne pas avoir été définitivement touché.

— Serment d'ivrogne.

— Zut ! vous m'ennuyez ! je vous voir venir d'ici, vous allez de nouveau me vanter les charmes de Shatan ou de je ne sais quelle association d'escrocs ou invertis, martinistes, rosi-cruciens, gnostiques, théosophes, voire spirites ! je connais vos histoires, et je connais ces gens : ils ne m'intéressent plus, et je les ai pris encore trop au sérieux dans mon dernier bouquin. Quelle attention voulez-vous que je porte à des religions fondées hier, fondées, surtout, par des pontifes rencontrés au café ? elles me font rire : or le rire distrait sans consoler, et je cherche une consolation. Je continue de fréquenter chez vous par archaïsme, parce que votre vie, votre intérieur, votre silhouette même, votre conversation m'aident à reconstituer le décor moyenâgeux dans lequel se complait mon imagination : mais, vrai ! mon cher Maître, je ne viens pas ici par amour de vous !

— Mon cher Schwaeblé, allons prendre un verre : *in vino veritas*.

Jobert se leva péniblement, et se couvrit d'un grand feutre boer.

Un homme d'une soixantaine d'années, aux longs cheveux assyriens très noirs, aux petits yeux hindous très vifs, au gros nez bourguignon très rouge, au geste rare et exagéré. Il habitait là-bas, au bout de la rue de Vaugirard, près des fortifications, un logement minuscule dans une vaste maison moitié campagne moitié province avec des poules picotant entre les pavés de la cour.

Une petite étoile kabalistique collée sur sa porte la désignait discrètement au visiteur, devant lequel, d'ailleurs, elle ne s'ouvrait que s'il avait sonné trois coups ; il pénétrait alors dans une pièce — salon, atelier, laboratoire ? — où il apercevait : une tortue se traînant misérablement en salissant le parquet, un chat noir miaulant lamentablement, des plantes poussant la racine en l'air et portant les feuilles à la place des fleurs, des nénuphars croissant dans de la terre et des rosiers dans de l'eau, un serpent empaillé, une tête de mort, des échantillons de minerais, des cristaux, des vieux journaux, des bouquins, des manuscrits, des plans, des cartes géographiques, des planches à dessin, une petite forge, un atelier de menuiserie, deux fourneaux à réverbère, des centaines de fioles, des cornues, des éprouvettes, des bocaux pleins de liquides inquiétants, des piles colossales, une balance, des turbines, moulins et aéroplanes de carton, un Bouddha, un gong, et sur tout cela de la poussière, de la poussière !

— Je sortirai volontiers, mon cher Maître : chez vous on étouffe littéralement avec votre sacré fourneau, et la cuisine qui brûle dans la pièce voisine me fait venir des nausées, ça pue l'oignon, le pétrole, le renfermé, l'urine de chat, c'est une odeur indéfinissable — comme toutes les odeurs.

Ils descendirent, le « docteur » Jobert s'appuyant sur une canne.

— Et votre métal plus léger que l'air, mon cher docteur ? Où en est-il ? à quand le brevet ?

Jobert n'aimait pas qu'on blaguât ses travaux : également expert en astrologie, hébreu, chimie, mécanique, biologie, physique, balistique, thérapeutique, chirurgie, tarot, etc., il avait établi une toupie marchant au plafond la tête en bas, un bateau filant sur l'eau sans moteur, un appareil prévoyant les tremblements de terre et toute perturbation atmosphérique, un instrument à établir commodément les horoscopes, des couleurs dont le bas prix révolutionnerait le marché en gros, une pile d'une force extraordinaire, une turbine d'un rendement inconnu, un petit cheval automate marchant, trottant, galopant, sautant à la façon d'un véritable cheval, un baromètre d'un sûr pronostic, etc.

Evidemment le docteur bluffait : pourtant il s'emballait si sincèrement dans la nomenclature de ses inventions, et de telles lueurs de défi à la Société illuminaient ses yeux que non moins évidemment il croyait à ses découvertes. Peut-être folie de l'inventeur qui s'illusionne facilement, qui pense avoir trouvé ce qu'il cherche encore.

— Mon métal, répondit-il, ils ne l'auront pas ! Ils veulent tout avoir sans peine, ils n'ont qu'à travailler comme moi !

Ce mot « ils » revenait souvent dans ses discours, désignant apparemment l'ennemi, un ennemi vague. « Ils » c'étaient ceux qu'il voyait l'espionnant, dérobant ses idées, refusant de le prendre au sérieux, c'étaient les savants officiels, les gens de l'Académie et de l'Université, ceux qui n'admettaient la vérité que laminée par leurs mains, ceux dont la parole faisait loi, « Ils » c'étaient aussi les capitalistes achetant à bas prix les procédés qui les enrichissaient, c'étaient les journaux fomentant la conspiration du silence sur les plus sublimes produits de la pensée et vantant des drogues nuisibles, « Ils » c'étaient... c'étaient, en somme, tous ceux qui ne proclamaient pas notre homme le Maître des Maîtres et ne déposaient pas à ses pieds leurs forces et leur fortune !

Mais quel inventeur ne connaît pas et ne hait pas ces « Ils » ? Que dis-je ? quel homme n'a pas ses « Ils » ?

— Non, mon nouveau métal ils ne l'auront pas ! Ces gens sont étranges : ils désirent jouir, posséder, profiter sans travail, sans initiation. Tenez, entrons ici, le vin n'y est pas mauvais.

Ils entrèrent chez un bistro. Des hommes jouant à la manille saluèrent Jobert.

— Tout le monde me connaît à Vaugirard, proclama-t-il.

Puis, ayant barbouillé son nez de tabac, il s'assit, et commanda :

— Un verre de vin rouge pour moi et un picon pour vous, hein ?

— Non, un quinquina !

— Cette fois la conversion est parfaite ! Même plus de picon ! Où donc le temps du pernod !

— Je le regrette, le pernod ! j'ai le courage de l'avouer. J'attendais son heure avec impatience, il me tenait compagnie, il bouleversait un peu les meubles de mon cerveau, mais cela me donnait des idées originales, ce qui ne nuit pas à un écrivain. Il multipliait les pensées, ouvrait la porte du pays des songes et des illusions. Il donnait à travailler et à rêver.

— Il remplaçait la morphine!

— La morphine c'est Shatan, comme la Mystique c'est Dieu. Voyez-vous, les extrêmes se touchent: morphine et mystique conduisent à l'Infini, seulement la première sous peine d'esclavage.

— La morphine est une maîtresse cramponnante, prononça Jobert en levant l'index en l'air — d'un geste sec de guignol à lui familier. Elle consent à se donner à condition qu'on se donne à elle. Et elle surveille jalousement son amant! Admirez l'enchaînement: vous avez le courage de plaquer ce collage, vous trompez la blonde morphine avec la brune absinthe, le Gouvernement envoie celle-ci à Saint-Lazare, et vous vous rejetez sur la Mystique! Dieu conduit bien sa barque! Ah! le juif!

— Mais, mon cher Maître, vous croyez en Dieu puisque vous l'engueulez! Si vous saviez, d'ailleurs, ce qu'il se fiche de vos ineptes plaisanteries! Eh bien oui! j'éprouve à la lecture de la bienheureuse Angèle de Foligno ce que j'éprouvais à la piqûre de morphine ou à la dégustation du pernod: étourdissement, allègement, spiritualisation, dématérialisation, détachement, envol, sérénité à toute épreuve, paix supérieure à la raison...

— Amour du prochain aussi?

— Certes.

— C'est-à-dire mépris : car, entre nous, le sage ne pardonne si aisément qu'en pensant : « Il ne sait ce qu'il fait », c'est un fou, un inconscient, un enfant dont les actes et les paroles ne tirent pas à conséquence.

— Taisez-vous : vous êtes le Génie du Mal !

« Avez-vous déjà reçu un coup de massue sur la tête, avez-vous déjà eu le crâne pris entre l'enclume et le marteau-pilon, avez-vous, passant dans la rue, senti tomber sur votre chef une pierre de taille détachée d'un cinquième étage? moi j'ai subi cette sensation lorsqu'un médecin m'a annoncé que ma fillette atteinte de méningite ne passerait pas la journée : mes jambes ne me portaient plus, ma cervelle pesait cent kilos. L'abrutissement. Un peu remis je pensai naturellement à votre Shatan, à la vengeance, à vos pitreries de messes noires ; et tout à coup je compris l'inégalité de la lutte, que la volonté et la raison ne tenaient pas devant la Providence, que Dieu en une minute renversait les plans les plus solidement échafaudés. Autant implorer sa paix, autant se soumettre. Autant abandonner les drogues et l'alcool, et utiliser la prière.

— Alors, à l'heure de l'apéritif vous prenez quelques pages de la bienheureuse Angèle? Vous en avez toujours un exemplaire sur vous?

— Sans doute. Le voici. Tenez, j'ouvre au hasard.

Est-ce beau ! « Les attentats que tu as commis par les couleurs contre nature que tu as données à tes joues et les torsions à tes cheveux, cela est expié ! Pour ces peintures et onguents qui ont déshonoré ta tête la mienne fut tirée par la barbe, dépouillée de cheveux, percée d'épines, frappée à coups de roseau. Tu te peignais les joues pour les montrer aux hommes ; sois tranquille : ma face a été couverte par leurs crachats. Tu t'es servie de tes yeux pour regarder en vain ; les miens ont été aveuglés par le sang qui coulait de mon front. Pour les crimes de tes oreilles qui ont pris plaisir aux paroles nuisibles j'ai entendu les insultes, les moqueries, les blasphèmes et les pleurs de ma mère ! Tu as connu les plaisirs de la gourmandise, et tu as même abusé de la boisson : on m'a présenté le fiel et le vinaigre. Pour les péchés de tes mains qui ont fait ce que tu sais bien les miennes ont été percées de gros clous. Pour les péchés de tes pieds, pour leurs danses lascives les miens ont été fixés au bois. Pour tes chaussures élégantes les miens ont été habillés de sang. Pour les péchés de ton cœur le mien a été déchiré d'un coup de lance ».

Jobert avait pris le volume et le parcourait.

— Bigre ! fit-il, elle va fort la bienheureuse ! Je lis : « Mon mari et mes fils moururent en peu de temps. Et comme j'avais prié Dieu qu'il me débarrassât d'eux, leur mort me fut une grande consolation ». Voilà le parfait détachement !

— Ou le parfait sacrifice ! tant elle aimait les siens

qu'elle désirait souffrir affreusement de leur mort ! Une telle pensée ne surgit évidemment que dans l'âme d'un mystique consommé. Voulez-vous encore un verre de vin? oui? Garçon, un verre de vin! Seulement, dépêchez-vous : si vous n'avez rien à faire je vous emmène en taxi dans la Cité, je vais chez un bouquiniste.

Jobert se barbouilla à nouveau le nez de tabac, avala le vin, enseigna une sûre formule à un consommateur qui se plaignait de rhumatisme, et monta dans la voiture où l'attendait son pseudo-élève.

Et cependant qu'elle suivait l'interminable rue de Vaugirard celui-là sortit de sa poche un paquet de papiers graisseux, en tira une lettre, et déclara :

— Il faut que je vous relise un passage d'une de vos récentes missives : « J'ai vu Dieu. Oui. Un matin : le globe du soleil, d'un rouge aveuglant, s'élevait insensiblement au-dessus des collines bleuâtres, perçant de ses longs rayons les nuages moutonneux, rosissant les arbres en fleurs, débrouillant les buissons, faisant scintiller les perles de rosée. Et les oiseaux s'éveillaient, jetant des cris joyeux, le coucou lançait gaiement ses « cou-cou, cou-cou », des merles, des geais traversaient le chemin à tire d'ailes. Mes yeux regardaient partout, curieux, charmés, trouvant partout nouveaux sujets de ravissement, des fleurettes d'une délicatesse inouïe, des tonalités d'une harmonie parfaite, des sentiers se perdant sous les bois... Et l'air s'emplissait de parfums si frais, si purs qui ouvraient grand les poumons... Vraiment le spectacle était trop magnifique! Chaque coin offrait un coup d'œil précieux, vallons s'estompant dans la brume incendiée, vaches se levant paresseusement dans l'herbe épaisse, poulains gambadant follement, oies se dandinant solennellement en file indienne, cochons grognant dans le fossé ; et, là, une petite source qui coulait claire et guillerette parmi les cailloux! Le soleil continuait de monter, et la nue se bleuissait par des teintes infiniment douces...

« Je me serais mis à genoux. Je voyais Dieu... Oui, je voyais Dieu! et comme il me possédait bien! et comme je le possédais bien! Quelle étroite communion! Il ne songeait guère à me demander de l'adorer — et pourtant je l'adorais. »

« Cette lettre, mon cher Schwaeblé, me suggère plusieurs réflexions : d'abord, vous n'aviez pas grand chose à faire le jour où vous avez noirci tant de papier — à moins que ce soit le brouillon d'une page que je retrouverai imprimée dans l'un de vos livres ; ensuite, je vous sais gré de ne pas m'avoir vanté l'harmonie universelle — laquelle ressemble trop à une vérité de M. de la Palice (car si elle n'existait pas, si la terre heurtait le soleil, pourrions-nous en parler ? si nous étions morts serions-nous vivants ?)

— Ces lignes, mon cher Maître, ne correspondent plus à ma pensée ; c'est bien, n'est-ce pas, ce que vous vouliez me forcer à confesser ? Pour voir Dieu maintenant pas besoin du soleil, des fleurs, des oiseaux; emmuré, sans lumière, je le vois dans mon cœur. Je m'enferme dans mon cœur, et j'attends les coups avec une sérénité qu'ils n'osent ébranler.

— Ouais ! vous me la bâillez belle ! et votre fille ?

— Ah ! ça... ça... évidemment je l'adore par-dessus tout, et rien ne me détachera d'elle. Pour l'instant je cherche ma voie, je ne sais comment faire marcher les deux de front ; quelquefois même, me rappelant la phrase de l'Evangile : « Celui qui aime son père ou sa mère plus que moi n'est pas digne de moi », je juge inconciliables les deux amours. La religion catholique ne convient-elle qu'à des célibataires, et encore à des célibataires solitaires ? non : il y a moyen de s'arranger, ça se tassera. C'est l'histoire d'un veuf avec enfant qui se marie avec une femme sans enfant.

— Mais, dites-moi, si vous enseignez à votre fille le *Credo quia absurdum* le commentrez-vous en lui faisant remarquer que chaque fois qu'elle comprendra quelque chose elle s'éloignera de Dieu et qu'en étant la dernière en classe elle s'en rapprochera ?

— Quelle blague ! la Religion n'exclut pas la Science ! La Science n'est pas l'apanage de Shatan.

— Vous n'avez peut-être pas tort. Tenez, ordonnez donc au chauffeur d'arrêter, nous passons justement devant Notre-Dame, je vais vous lire le portail Saint-Marcel lequel donne la recette de la pierre philosophale.

Ils descendirent de voiture, et longeant la cathédrale se dirigèrent vers les plates-bandes qui la séparent de la Seine.

— Quelques sculptures de Notre-Dame, expliqua le docteur, et de la tour Saint-Jacques, ainsi que quelques vitraux de la Sainte-Chapelle indiquent la recette de la pierre philosophale. Notre-Dame abrite, d'ailleurs, un peu de la merveilleuse poudre de projection, car dans l'un des piliers du chœur l'évêque Guillaume de Paris en a scellé une petite quantité, et j'ajouterai que pour reconnaître ce pilier il suffit de suivre le regard de certain corbeau de la façade.

« Quelle masse imposante tout de même, cette cathédrale ! Imposante et majestueuse par son énormité, mais combien laide avec ses arêtes de poisson, sa carcasse d'arcs-boutants, son corset d'échafaudages ! Ah ! ce style gothique ! vide, fragile, féminin !

« Passons. Ecartez ce lierre qui dérobe aux curieux la cour de M. l'Archidiacre, en même temps que le côté sud du monument. Voilà le portail Saint-Marcel : en haut, trois personnages désignant le soufre, le mercure et le sel philosophiques lesquels composent la Pierre ; en-dessous, à gauche, les cinq métaux vils (fer, mercure, plomb, cuivre, étain) jetant, sous forme de pierres, leur partie fixe, c'est-à-dire leur principe, leur essence, leur alcaloïde, à la Pierre en formation ; à droite, les cinq personnages, les cinq métaux maintenant spiritualisés, dépouillés de leur personnalité, c'est-à-dire sur la voie de la perfection, préparant la Pierre en la plaçant dans le tombeau, c'est-à-dire dans le vase philosophique, le fourneau, l'*athanor ;* enfin, tout à fait en-dessous, à gauche, sept personnages enseignant que l'Œuvre passe par sept couleurs avant de parvenir à maturité, tandis que, à droite, douze autres révèlent les douze stades de son évolution.

— Vous avez une sacrée imagination ! C'est d'une clarté, d'ailleurs... Moi, je vois tout bêtement : en haut, le Seigneur présidant, entouré de deux anges ; en-dessous, à gauche, le peuple lapidant un saint, lequel finit par tomber ; à droite, une mise au tombeau ; et, encore en dessous, l'homme conduit par deux soldats devant le juge, cependant que d'autres personnages délibèrent ou se désespèrent.

— L'un n'empêche pas l'autre. Vous n'ignorez pas que l'Exégèse s'applique aussi bien à la sculpture, à la peinture, à la musique qu'aux Ecritures, et que la plupart des compositions sacrées possède un double sens. L'Herméneutique enseigne à convertir le pain et le vin au corps et au sang de Jésus, c'est donc l'alchimie divine.

« Il me vient une idée : vous ne savez plus quoi faire, quoi écrire, vous avez renoncé à la Sorcellerie, à Shatan, à ses pompes, à ses œuvres, et pourtant la Science vous tente : donnez-nous donc une vie de Nicolas Flamel, le fameux alchimiste dont certains traités — c'est lui-même qui le proclame — ont double sens, sens théologique et sens philosophique ou scientifique.

— En effet, c'est une idée...

— Je pourrais vous documenter pour la partie alchimique.

— Je ne dis pas... je ne dis pas...

— Ainsi, pour la plus grande gloire de Rome pourriez-vous prouver que Science et Religion ne sont pas incompatibles!

... Quand ils se furent quittés, Schwaeblé, revenant à pied chez lui, monologua :

— Quel drôle d'homme! qui est-il? qu'est-il? d'où sort-il? comment s'appelle-t-il? mystère et discrétion. Excentrique par nature et par affectation. Il excite les désirs et ne les satisfait pas, il provoque et il fuit, il attire et repousse, il écrit et il ne répond pas aux lettres, il court après les gens, et quand les gens courent après lui, pouf! le voilà qui se terre. D'ailleurs, mauvais comme la gale.

« Il a fréquenté assidûment chez les occultistes, il les connaît par cœur, mais il paraît fâché avec tous. Il a dû se payer trop copieusement leur tête.

« Il englobe tout, il parle victorieusement avec n'importe qui de n'importe quoi. Il jouit d'une mémoire étonnante et d'une extraordinaire faculté d'assimilation. Il parcourt une page d'un bouquin, et il la sait de A jusqu'à Z. Et pourtant il ignore les plus élémentaires règles de l'orthographe, il se livre à d'inimaginables fautes. Il ne possède le français que des vieux auteurs, et son vocabulaire rappelle Rabelais — illusion qu'entretiennent ses citations alchimico — astrologico — mystiques. Déconcertant et sublime! Mais quel orgueil! quel pontife! *Je sais tout!*

« En tous cas chimiste merveilleux. Médecin aussi...

« Seulement, quelle féconde imagination ! quel bluff ! Par-dessus le marché le singe laisse courir sur son compte un tas de légendes fantastiques qui achèvent de le transmuter en sorcier, en redoutable propriétaire de puissants secrets ! Un sorcier qui tuerait le temps chez le bistro, à noircir de tabac et rougir de vin son nez !

« Ça ne fait rien. C'est un type d'une autre époque, en compagnie duquel on oublie aisément le présent.

« Et il vient de me donner une idée épatante : Nicolas Flamel. Nicolas Flamel ! le Moyen-Age, le Vieux-Paris, l'Alchimie, l'Astrologie, la Mystique, une langue naïve et amusante : tout ce que j'aime, tout ce qui me plaît réuni ! Des balades dans Paris pour reconstituer la ville du XIVe siècle, de longues rêveries dans des ruelles tortueuses, des pauses dans des églises sombres, une science légèrement subversive, de belles légendes !

II

— Nom d'un chien ! qu'il fait chaud chez vous, mon cher Maître ! Comment pouvez-vous vivre avec une telle température ! Qu'est-ce que vous fabriquez dans votre fourneau ? encore une cuisine du diable !

— Ça, mon cher Schwaeblé, prononça Jobert en levant, de son geste de guignol, l'index droit, c'est du soufre qui va devenir tellure quand je l'aurai accru de la quantité de carbone et d'hydrogène nécessaire. Mais, à propos de transmutations, où en est Nicolas Flamel ? Vous êtes-vous décidé à l'aborder ? Avez-vous trouvé des documents ?

— J'ai pris quelques notes, mais j'ai peur d'aller trop vite, j'éprouve tant de joie à la confection de ce livre, j'y noye si profondément le présent, la politique et tout ce qui se lit dans nos journaux, elle me véhicule si confortablement vers le Moyen-Age que je redoute d'avancer. Je déguste le plaisir par petites tranches, et chaque ligne que je ponds me désole parce qu'elle me rapproche de la fin.

« Vous m'avez donné là une riche idée. A certains moments je m'effraye à la pensée que, l'œuvre terminée, je demeurerai désemparé, sans but, parmi des gens coiffés de melons et des maisons à cinq étages, et des livres qui me parleront d'adultère. Reculer sa vie de six siècles ! Quel rêve ! et le tout sans morphine, sans pernod...

— Et sans Angèle de Foligno !

— Tenez, voilà quelques notes :

« Le moyen-âge, son lacis de ruelles noires zigzaguant au hasard, de venelles aux fenêtres bardées, aux étages débordant les uns au-dessus des autres comme tiroirs à moitié tirés... Le souffleur cherche la Pierre dans les sel commun, sel ammoniac, sel de pin, sel sarracin, sel métallique, alun de roche, alun de glace, alun de plume, marchassite, sang, cheveux, urine, fiente d'homme, sang des menstrues, matières herbales, animales, végétables, plantables, pierres minérales, eaux-fortes, couperose, œufs ; par séparation des éléments en athanor et par alambic et pellican, par circulation, décoctition, réverbération, ascension et descension, fusion, ignition, rectification, évaporation, conjonction, élévation, subtiliation et commixtion, sublimation, calcination, congélation d'argent vif par herbes, pierres, huyles, fumiers, feu et vaisseaux très étranges... »

— Bien, mais il faudra arriver à un peu plus de précision : les alchimistes — les souffleurs, si ça vous fait plaisir de les désigner sous un vocable dédaigneux — n'étaient pas tous des fumistes ; outre les découvertes que nous leur devons, l'eau régale, l'acide chlorhydrique, les acides sulfurique et sulfureux, l'acide carbonique, le sulfure de potassium, le sulfate de soude, l'azotate d'argent, certains ont parfaitement changé le mercure en argent.

— Hum... hum...

— Nous en reparlerons quand le moment sera venu.

— Pour l'instant restons dans la note mystico-scientifique, n'oubliez pas le but de mon livre, la double interprétation de l'œuvre et de la vie de Flamel. Nous consacrerons le dernier chapitre à l'alchimie moderne, si toutefois cela ne détonne pas en présence de la direction de mon bouquin. Au reste je vous charge de la traduction en formules contemporaines des recettes mystérieuses de notre philosophe.

— Chose moins difficile que vous le pensez : les Anciens désignaient sous le nom de « lion dévorant », par exemple, toute substance rongeante, baptisant, en somme, la chose du nom de la qualité ; vous me répondrez que nos chimistes ont créé une langue infiniment plus explicite, sinon plus élégante, entre autres le mot « Tetramethylmétaphenylénediamine » ! Les vieux traités, je le confesse, renferment nombre d'obscurités, obscurités dues à la peur de nos gens de passer pour sorciers et de rôtir comme tels...

— Mais rien ne pouvait mieux les dénoncer que ce galimatias !

— Dues aussi au désir de ne pas bouleverser le monde en indiquant la recette de la Pierre.

— Alors pourquoi écrire tant de livres ?

— Dues encore à l'intention de ne pas désobéir à Dieu qui leur a dévoilé le secret : Celui qui révèle ce secret est maudit, dit Arnauld de Villeneuve ; Je te jure sur mon âme que si tu dévoiles ceci tu seras damné, affirme Raymond Lulle.

— Heureusement, mon cher Maître, que la damnation vous indiffère ! et que vous dévoilerez le secret !

— Dues enfin à la volonté de n'être compris que des leurs.

— Mais les leurs n'arrivent pas à les comprendre !

— Je vous démontrerai le contraire, et que les alchimistes se comprenaient et se comprennent entre eux, et qu'ils ménageaient l'Eglise laquelle redoutait leur science. Vous...

— De grâce ne me parlez pas de Galilée !

— Nous sommes en plein dans le sujet de votre bouquin : L'Eglise contre la Raison !

— C'est idiot la raison ! Qu'est-ce que c'est que la raison ? où ça commence-t-il ? où ça finit-il ? Je ne raisonne pas comme vous ! il n'y a pas deux personnes qui raisonnent de la même façon. Et puis elle est jolie la raison ! le jour où la religion catholique a raisonné elle a créé la scolastique, des disputes dignes d'un greffe de paix ! L'on définit Dieu « l'Incompréhensible » ; chercher à comprendre Dieu équivaut à sa négation. Vous-même, mon cher Maître, vous, le malin entre les malins, ne comprenez pas nombre de choses au-dessous de vous ; et vous voudriez comprendre des choses au-dessus ? Si l'homme comprenait les œuvres de Dieu ces œuvres seraient humaines et non divines. Quoi de plus déraisonnable, a dit saint Bernard, que s'efforcer d'aller au-delà de la raison à l'aide de la raison ?

— Vous l'avez dit vous-même : où commence, où finit la raison ?

— L'Eglise est franche et loyale : ne proclame-t-elle pas sur tous les toits que la raison n'a rien à voir chez elle ? Elle propose précisément de sortir de la raison, de lui échapper, elle lui oppose l'illimité, l'indéfini, l'éternel, et la raison ne peut les concevoir puisqu'elle ne peut les percevoir.

— Alors la...

— Ecoutez, je vous vois venir : vous allez me parler de l'Inquisition, de la Saint-Barthélemy et du bûcher de Jeanne d'Arc !

— Non, j'allais vous parler de Calvin...

— Un joli coco ! je reconnais, d'ailleurs, qu'il m'a fait marcher ! Au premier coup d'œil il attire avec son culte de l'indépendance de la raison, avec sa liberté d'examen ; seulement, au second on s'aperçoit que Calvin est homme, c'est-à-dire constamment en contradiction avec les principes qu'il proclame : il impose sa doctrine par la force, il étouffe la raison d'autrui, il supprime le Pape de Rome pour le remplacer par le Calvin de Genève, il se dit le seul dépositaire de la vérité, il devient infaillible ! oui, on s'aperçoit que Calvin est homme : il se venge d'un ennemi personnel, de Michel Servet, il le fait brûler.

— Je voudrais vous demander pourquoi la loi juive est bien la loi de Dieu en tant que figurée et préparative, mais non en tant que finale et absolue.

— Zut ! zut ! fichez-moi la paix ! L'absurde — puisque absurde il y a — dédouble mon corps physique, me permet, par instants, de dépouiller mon vêtement humain, de rompre mes attaches terrestres, de m'élancer dans un monde spiritualisé, de m'alléger, de m'envoler, d'atteindre à l'extase, au détachement des choses d'ici-bas...

— Toutes choses qui se résument en ces mots « Je m'en f.... » Résultat que les ascètes obtiennent par le jeûne : tant il est vrai, encore une fois, que les extrêmes se touchent, et que boire trop et ne pas boire assez produisent même effet. Et comme ils détériorent également le corps je préfère le premier. Tenez, goûtez-moi donc ce petit vin blanc : je l'ai trouvé chez un bistro de Vaugirard, il vous a un arome pas désagréable.

— Vous êtes content, vous avez dévié la conversation ! Revenons à nos moutons, à Nicolas Flamel et à l'alliance de l'Eglise et de la Science. Assez de digressions ! Ancrez-vous dans la tête, malgré sa dureté, ceci : pendant vingt ans j'ai stupidement haussé les épaules à la pensée de la messe, dénoncé le trafic des indulgences et des médailles, applaudi aux scandales ecclésiastiques, adoré Renan, approuvé Lemire et Loisy, et, un beau jour, je me suis surpris disant : « Ils ne me gênent pas ! Chacun est libre de penser ! »

et, quelque temps après : « Si ça ne fait pas de bien ça ne fait pas de mal », puis : « Comme doivent être heureux ceux qui croient ! ». Et la Foi arriva toute seule, simplement parce que lorsqu'on la cherche on en est déjà touché, et que la désirer c'est la posséder. Quand on commence à visiter les églises par amour de l'art on est pincé.

« Cela définitivement établi, occupons-nous, s'il vous plaît, de l'Alchimie au Moyen-Age.

« La façade de Notre-Dame de Paris passe pour symboliser la science de cette époque avec son triple portail représentant à gauche l'Astrologie, au milieu la Mystique, à droite l'Alchimie.

— Manque la Scolastique.

— Dans son *Opuscule très excellent de la vraye philosophie naturelle des métaux, traictant de l'augmentation d'iceux (A Lyon, chez Pierre Rigaud, en rue Mercière, à l'enseigne de la Fortune 1612)* Denis Zacaire, gentilhomme guiennois, nous apprend que « il ne passait jour, mêmement les fêtes et dimanches, que les alchimistes ne s'assemblassent ou au logis de l'un d'eux ou à Notre-Dame la grande qui est l'église la plus fréquentée de Paris pour parlementer des besognes qui s'étaient passées aux jours précédents ».

« Et à ce propos je m'étonne que les pontifes de la littérature française qui nous ennuient si copieusement avec leurs sempiternels Rabelais, Montaigne, Froissard, Villon et compagnie ignorent si profondément la prose si naïve des alchimistes ! le bonhomme

Flamel raconte : « Je fis mille brouilleries, non toutefois avec le sang ce qui est méchant et vilain », il se félicite de savoir sa chère femme Pernelle « discrette et secrette » ; Zacaire avoue sans honte ses mésaventures : « Si c'était profit Dieu le sait, et moi aussi qui dépensai des écus plus de trente... Tout l'augment que j'en reçus ce fut à la façon de la livre diminuée » ; et ce passage d'Alexandre de la Tourrette : « Nous voyons aussi comment ce très excellent alchimiste nostre bon Dieu a basty son four (qui est le corps de l'homme) d'une si belle et propre structure qu'il n'y a rien à redire, avec ses soupiraux et registres nécessaires comme sont la bouche, le nez, les oreilles, les yeux afin de conserver en ce four une chaleur tempérée et son feu continuel, aéré, clair et bien réglé pour y faire toutes les opérations alchimistiques ».

« Nos officiels raseurs brevetés de l'Université ont pourtant le choix : *Le livre de la Philosophie naturelle des métaux* du bon Trévisan, *Les douze Clefs de la Philosophie* de Basile Valentin, *La Somme de perfection* de Geber, *Le Chemin du Chemin* d'Arnauld de Villeneuve ; *Le Livre des Lumières*, *Le Composé des Composés*, *Miroir d'Alchimie*, *La Clavicule*, *La Fleur des Fleurs*, *Moëlle d'Alchimie*, *Char du triomphe de l'Antimoine*, *L'Entrée ouverte au Palais fermé du Roi*, etc., etc. !

— Sans compter les ouvrages apocryphes de notre héros Flamel !

— Poursuivons. Au XIVe siècle on avait la manie de l'alchimie comme on a aujourd'hui celle de l'auto, du cinéma ou de la politique, on s'arrachait les traités, on les copiait, on se les repassait, on chauffait l'athanor (notre fourneau à réverbère). Point besoin d'être savant : chacun s'y mettait, le plus petit bourgeois chauffait jour et nuit, brûlant, d'ailleurs, n'importe quoi, au hasard. C'était une épidémie : les recettes pour la Pierre philosophale circulaient comme actuellement les recettes pour les cors aux pieds ou la pousse des cheveux — aussi efficaces ! Et, bien entendu, nombre de charlatans vivaient à les débiter.

— Dites donc, mon cher Schwaeblé, si nous allions prendre un peu l'air ? Si vous le voulez, errons par le quartier de Nicolas Flamel.

— Volontiers, d'autant que je commence à avoir mal à la tête avec votre sacrée cuisine.

Ils descendirent et prirent le métro jusqu'à Réaumur.

Le soleil n'était pas tout à fait couché, et du milieu de la rue Saint-Denis ils aperçurent, encadrée étroitement par de vieilles et sombres habitations, la silhouette noire de la Tour de l'Horloge du Palais de Justice se découpant sur le ciel lilas. Une ruelle de prison, de sales maisons s'étouffant mutuellement, et dans le fond l'ombre menaçante du Palais : le Paris du Moyen-Age ! rue Marie Stuart, rue de la Grande Truanderie, rue de Montmorency, rue aux Ours (primitivement dénommée « rue où l'on cuit les oies » à cause des rôtisseurs qui s'y étaient donné rendez-vous), rue Brantôme, rue des Etuves-Saint-Martin, rue de la Ferronnerie, maigres logis aux entrées peu rassurantes, repaires de ribaudes et gens de potence, pavés humides, tour de Jean-sans-Peur — cela illusionne. Evidemment on ne contemple plus, rue Saint-Denis, ce qu'y contempla, à la fontaine du Ponceau, Louis XI, lors de son entrée : « trois belles filles faisant personnages de sirènes toutes nues, et qui disaient de petits motets et bergerettes ; et près d'elles plusieurs instruments qui rendaient de grandes mélodies... »

— Nous arrivons à temps, mon cher Maître : on perce, on démolit ! on aère ce labyrinthe, on pose des plots ! bientôt à la place de ce lacis de sentes misérables et tant pittoresques s'élèveront des casernes à cinq étages ; bientôt Saint-Merri dont l'humilité s'accorde avec la tristesse des venelles avoisinantes se dressera au milieu d'un square planté de statues de M. Rodin ; bientôt les rues Brise-Miche, Simon-le-Franc, de Venise et autres qui zigzaguent au hasard, filant droit, biaisant soudain, aboutissant à un cul-de-sac, se divisant, se réunissant, ces corridors aux ouvertures bardées, aux porches barricadés, aux escaliers tantôt déboulant jusqu'au trottoir, tantôt relégués au fond d'un couloir d'encre, aux coupe-gorge, aux hôtels infâmes (*Ici on loge à la nuit, 0 fr. 50*), aux entrées de caves, aux filles qui raccrochent débraillées sur les seuils, ces ruelles traversées par les réverbères et les enseignes de brocanteurs et de fripiers, et dont quelques-unes — la rue Brise-Miche, par exemple, au n° 29 — montrent encore les crochets des chaînes qui les fermaient s'élargiront pour livrer passage aux autos. Dépêchons-nous si nous voulons contempler ces derniers restes du royaume de Thunes !

« Seuls demeureront, dans les Arts et Métiers, l'ancien réfectoire du prieuré Saint-Martin avec sa chaire où, pendant les repas, lisait un frère, et l'ancienne église ; mais l'on a transformé celui-là en bibliothèque, et dans celle-ci rangé des modèles de machines, après avoir badigeonné de fraîches couleurs les colonnettes élancées ! Il n'y manque qu'un bar anglais !

— Vous ne voudriez tout de même pas laisser subsister en plein Paris, dans son quartier le plus commerçant, des taudis, des coupe-gorge, des hôtels infâmes, des entrées de caves, des filles débraillées, des sentes misérables, puantes, humides, noires ! Quelle hygiène ! Ah ! vous en avez de bonnes, Messieurs du Vieux-Paris ! Sous prétexte de pittoresque vous souhaitez des cloaques, des mares de purin, des diligences, des lumignons fumeux, des escaliers tortueux, des vitraux opaques, des gouttières arrosant les passants ! Ah ! la Capitale serait jolie si on vous écoutait ! Allez en Bretagne ou en Auvergne, vous y verrez les nids à cochons dont vous rêvez !

« Mais nous voici devant Saint-Merri, chef-d'œuvre du Gothique, assurent les guides. Entrons-nous ?

— Ah non ! l'église est intéressante sans doute, mais les paroissiens l'ont déshonorée avec une statue de Jeanne d'Arc encadrée de drapeaux tricolores.

— Bon ! vous le nouveau croyant, vous n'aimez pas Jeanne d'Arc ?

— Jeanne d'Arc, si. Et c'est un bien lamentable malentendu celui qui depuis si longtemps sépare la Nation au sujet de cette simple fille. Jeanne symbolise la grâce naïve de l'Histoire de France, comme Napoléon la force brutale ; les deux se complètent. Leur légende est telle qu'elle survole nos contingences et resplendit d'un éclat supra-terrestre. Qu'importe ce que les hommes y ajoutent dans le vulgaire but de défendre leurs intérêts ? Quelle doit être l'originalité d'une personne pour que les partis adverses la revendiquent ! Jeanne d'Arc est vraiment l'âme de la France, c'est le plus exquis vitrail du Moyen-Age, une héroïne de contes de fées, de romans de chevalerie, d'images d'Epinal si parfaite qu'il faut faire un effort pour croire qu'elle a existé, qu'on l'a vue.

— Autre temps autres mœurs : aujourd'hui Jeanne serait suffragette, elle réclamerait le service militaire et le vote pour les femmes, et coucherait au poste. Avec ça vous ne m'avez pas dit pourquoi vous ne voulez pas entrer dans Saint-Merri ?

— A cause des drapeaux. Quand je vois des drapeaux dans une église ou quand j'y entends le tambour ou le clairon sous prétexte de fêtes patriotiques, je fuis. Ces instruments brutaux m'offusquent même dans la maison de Dieu, dans le temple de paix. Et puis malgré tout ce que le clergé a raconté à propos de la guerre on ne me fera pas gober l'alliance du Catholicisme avec la patrie républicaine ! que le clergé par politique se soumette, soit ; mais qu'il n'espère pas le retour du duc d'Orléans, je ne le croirai jamais ! Et comme cet intéressant prince a épousé une autrichienne ; et comme le Pape ne hait pas l'Autriche...

— J'aurais voulu vous voir à la place du Pape ou à la place de Dieu ! qui des catholiques allemands ou des catholiques français favoriser ?

— Non, non, le drapeau tricolore dans une église c'est un manque de sincérité, c'est une concession cousue de mauvais fil blanc. On peut croire en Dieu sans croire en Marianne ! Je visite les vieilles églises pour oublier notre époque, non pour admirer des symboles guerriers ; la chapelle des Invalides suffit !

— Quel déplorable fidèle ! Vous saisissez ce qui vous plaît, vous rejetez le reste, vous choisissez, vous fondez un nouveau schisme.

— Sapristi ! si le Saint-Père est infaillible ses ouailles ne le sont pas, et je prétends n'être pas tenu à l'admiration de leurs têtes, de leurs caractères, de leurs jugements, de leurs actes. Je n'atteins pas encore à la discipline de l'*Imitation*, il ne faut pas me brusquer sous peine de me buter, et j'en prends et j'en laisse. Je prends saint Séverin et je laisse la Trinité, je prends saint Bernard et je laisse Bossuet, je prends Rembrandt et je laisse Raphaël, je prends Sluter et je laisse Michel-Ange.

Bavardant ils avaient enfilé des rues au hasard, passant devant la porte surmontée d'armoiries peintes et les deux tourelles de l'hôtel de Clisson, puis, au coin de la rue des Francs-Bourgeois et de la rue Vieille-du-Temple, devant les vestiges de l'hôtel Barbette qu'habita Gabrielle d'Estrées, plus loin, rue des Archives, devant le cloître des Billettes. Plus loin encore, la rue des Rosiers, le campement des Juifs : car les Juifs des petites classes continuent de faire bande à part, il ont là, rue des Rosiers, leurs cafés, leurs fournisseurs reconnaissables aux inscriptions hébraïques des devantures.

III

— Eh bien ! mon cher Maître, le soufre est-il devenu tellure ?

— Il l'est devenu, comme il était devenu selenium.

— Ah çà ! le soufre devient tout ce que l'on veut ?

— Vous l'avez dit ! Outre qu'il possède des propriétés fort différentes suivant la température à laquelle on l'expose et la forme cristalline qu'on lui fait prendre — si différentes qu'on serait autorisé à voir des corps différents, — on le transmute aisément. Le soufre qu'on note C^4H^8...

— Vous dites ?

— Sans doute ! tous les corps sont composés, composés de mêmes atomes diversement groupés. Le soufre, lui, est composé de carbone et d'hydrogène, ainsi que le selenium et le tellure, mais pas dans les mêmes proportions. De sorte que si l'on extrait du soufre (C^4H^8) 4 éléments d'hydrogène on a le selenium (C^4H^4) ; si l'on introduit dans le soufre 8 éléments de carbone et 16 d'hydrogène on a le tellure ($C^{12}H^{24}$).

« Seule la forme importe, puisqu'elle seule fait les propriétés des corps, c'est-à-dire les corps eux-mêmes.

Voilà ce qu'Ils n'ont jamais compris, ce qu'Ils ne trouvent pas dans leur Lavoisier ou leur Pasteur ! Quand Ils apercevront cette vérité alors peut-être seront-ils moins ânes qu'aujourd'hui.

« Et pour parvenir à la connaissance de la Forme il faut d'abord étudier l'Astrologie.

— L'Astrologie ?

— L'Astrologie... Mais nous tombons bien ! nous sommes rue du Louvre, venez, tournons autour de la Bourse de Commerce. Cette colonne qui se dresse...

— Je la connais : c'est l'observatoire de Catherine de Médicis.

— En effet. Dernier vestige de l'Astrologie à Paris. Eh ! nous voici devant Saint-Eustache ; entrez-vous ?

— Ah non !

— Pas dans celle-là non plus ?

— Elle est trop grande, trop claire, c'est un hall de chemin de fer, on ne peut pas s'isoler là-dedans. Il me faut des chapelles discrètes, des oratoires intimes, j'y éprouve déjà assez de peine à prier honnêtement, sans distraction, pendant quelques secondes, sans entendre le sacristain nettoyer à grands coups de balai, sans voir les statues de plâtre bleu, rouge et jaune, sans sentir l'encens, sans penser aux mille embêtements de la vie ou à Nicolas Flamel ou à vous. Mais je m'efforce de prier, c'est l'essentiel, je désire prier loyalement, je fais ce que je peux, et en somme j'acquiers le bénéfice de la prière. La plupart des églises ressemblent aux femmes : l'extérieur tente avec ses chichis de sculpture, voire avec ses badigeonnages comme à Saint-Germain-l'Auxerrois, avec ses sourires de vierges qu'ombrage le chapeau du portail, tandis que l'intérieur n'offre que le vide. S'il se rencontre une église vraiment habitée par la Vierge ou Jésus, alors c'est, comme à Notre-Dame-des-Victoires, la cohue d'une exposition à la mode, le va-et-vient d'une foire ; allez donc prier là-dedans, essayez donc d'oublier votre individu quand on le bouscule ou lui marche sur les pieds ! J'ajouterai que dans la même Notre-Dame-des-Victoires des ampoules électriques éclairent l'intérieur des confessionnaux, et que ce perfectionnement moderne me paraît incompatible avec la bonne et vieille religion ; il siérait tout au plus à des Américains. Quant à moi je me déclare incapable de me confesser à la lumière électrique.

— Vous voyez bien que la Science ne s'accorde pas avec la Religion ! Ah ! pendant que j'y pense il faut que je vous montre ce passage d'un catalogue que j'ai reçu ce matin, il vous confirmera l'Hermétisme chrétien, la Science catholique ; il s'agit d'un livre quelconque, le libraire le vante ainsi : « Sous un titre mystique l'auteur a su cacher tout le mystère du vrai feu philosophique, car ce mystère n'est autre que celui de la Croix pris dans son acception hermétique et dans sa réalisation minérale ». Voilà encore la double interprétation de Nicolas Flamel.

— Mais de quoi parlions-nous donc tout à l'heure? Ah oui ! de l'Astrologie ! vous disiez ?

— Savez-vous ce qu'est l'Astrologie?

— Dame, oui! l'Astrologie est la science qui prédit l'avenir.

— Quand on ne sait pas on se tait. Vous venez de dire une idiotie! Vous saurez que l'Astrologie est uniquement la science des correspondances.

« Dieu en créant les sept planètes, le Soleil, la Lune, Mars, Mercure, Jupiter, Vénus et Saturne, attribua à chacune des vertus spéciales, et pour reconnaître celles-ci un sceau particulier. C'est ce que les Kabbalistes enseignaient en disant que l'idée signe la chose, que la même idée imprime le même sceau sur l'homme, les animaux, les végétaux, les minéraux, que les choses portant le même sceau correspondent à la même idée. Le signe indique donc ce qu'est la chose, pourquoi elle a été créée.

« Telle idée correspond à telle lettre, à tel chiffre, à tel groupe de lettres, à tel groupe de chiffres, à telle note, à telle couleur, à tel métal, à tel minéral, à telle plante, à tel tempérament, à tel jour, à telle odeur, à telle saveur, à tel défaut, à telle qualité; même forme donne mêmes propriétés. Nous voilà revenus, vous le voyez, à ce que je vous disais pour l'alchimie : tout dépend de la forme.

« Crollius qui vivait dans la première moitié du XVIe siècle expose que, comme Dieu un en essence et triple en personne, l'homme est un en personne et triple en essence, savoir en corps terrestre, en esprit éthérien et en âme vivante infuse de Dieu. Cela ne vous apparaît peut-être pas très clair, je n'insiste pas. Il en résulte en tous cas une étroite communion permettant à l'homme de découvrir la signature des choses, de connaître la maladie et le remède, lui défendant aussi d'user de ces beaux secrets à la légère. Ainsi, la fleur de lys qui pend comme une goutte guérit la goutte; les noyaux de cerises le calcul; l'olivier et les arbres portant raisins, lesquels ont l'écorce fendue, guérissent les plaies et cicatrices; le jonc aquatique les fistules; la décoction du sandal rouge, le géranium à racine rouge arrêtent le flux de sang; l'écorce du bouleau tachetée de macules blanches ôte les macules et lentilles du visage; la rue qui est faite en forme de croix dissipe les hallucinations; la scrofularia les escrouelles; le serpentaire la morsure des vipères.

— Après le serpentaire on peut tirer l'échelle...

— Pourquoi rire? Crollius enseigne : « Et par ainsi les venins meslés ou redoublés, par une certaine faculté contraire, servent de remède l'un à l'autre; il s'est même trouvé des médecins qui se sont servis de crapauds pestiférés contre la peste. » Voilà le vaccin, voilà le sérum tant prôné aujourd'hui. Au fait Crollius indique une recette qui pourra vous être utile! pour faire repousser les cheveux! « Le poil follet, dit-il, qui vient autour des coings représente les cheveux : aussi sa décoction les fait-elle croître ». Vous pourriez essayer!

« En somme l'Astrologie montre que tout se tient,

s'enchaîne, que tout dépend de tout, que le mouvement d'une molécule quelconque a son retentissement, si petit qu'il puisse être, dans l'univers entier. Un savant n'a-t-il pas prétendu qu'en étendant la main il dérangeait le cours de la Lune ? Ce qu'il y a de sûr c'est que la Lune, lorsqu'elle passe au-dessus de notre tête, soulève la terre entière, déplace les eaux de l'Océan, et que chacun de nous pèse un peu moins que lorsqu'elle est à l'horizon : dix-huit milligrammes exactement.

— Voilà probablement pourquoi les amoureux se sentent si légers au clair de lune !

— Cette vaste théorie des correspondances domine la science du Moyen-Age, elle donne la clé de la Symbolique grâce à laquelle cette époque sachant qu'à la Lune, par exemple, correspondent les plantes aquatiques et froides, l'argent, le cristal de roche, la couleur jaune, la plupart des animaux domestiques, le tempérament lymphatico-bilieux, la paralysie et l'hydropisie, le cerveau, la paresse et l'imagination désignait la paresse par l'imagination, le jaune ou le nénuphar (plante aquatique), soignait contre la paralysie ou l'hydropisie toute personne née sous le signe de la Lune, représentait le métal argent sous la forme du croissant lunaire et l'appelait « lune », etc. De même l'or correspond au soleil et prend son nom.

« Dans vos diverses spéculations alchimiques ne perdez donc jamais de vue le nombre sept si cher à l'Eglise, ni le nombre douze qu'elle chérit également et qui est celui des signes du zodiaque. Ce zodiaque, d'ailleurs, vous le trouverez sculpté sur plusieurs cathédrales, entre autres sur le portail gauche de la façade de Notre-Dame de Paris. N'oubliez pas non plus le nombre quatre qui indique les éléments Eau, Terre, Feu et Air, et les animaux évangéliques. Enfin rappelez-vous que Jésus naît au solstice d'hiver et renaît à l'équinoxe de printemps.

— Je vous vois venir ! vous allez me parler de Dupuis et de son *Origine de tous les cultes !*

— Rassurez-vous, je vous quitte : je suis arrivé, je vais visiter un malade dans cette maison.

— Mon cher Maître, exercice illégal de la Médecine ! Gare à la correctionnelle !

— Bah ! pour cinquante francs d'amende...

Jobert l'ayant quitté, l'autre rentra chez lui, et, les pieds dans les pantoufles, s'attela à Nicolas Flamel.

... Nicolas Flamel s'étant lui-même, dans le *Psautier chimique*, qualifié de « ruril de Pontoise », je déclare : Nicolas Flamel naquit à Pontoise. Et dire que sur ce point si simple, si clair ses biographes se disputent ! leur héros leur apprend qu'il naquit à Pontoise ; eh bien ! ils se donnent un mal énorme pour placer sa naissance autre part ! Pourquoi ? pardi ! parce que l'historien dédaigne les documents faciles qui lui enlèvent sa raison d'être, le plaisir de tripatouiller ou d'amalgamer les paperasses dénichées dans des greniers, d'attacher une importance considérable à des niaiseries, et surtout son originalité, car l'originalité d'un historien consiste à affirmer le contraire de ses prédécesseurs, et à l'étayer sur des preuves branlantes.

Mais si je m'arrête déjà ! Continuons : Flamel naquit vers 1335. D'après mes notes je ne puis hélas ! fixer une date plus précise. Ses parents, estimés gens de bien « par ses envieux eux-mêmes », lui donnèrent une modeste éducation comprenant éléments de latin et éléments de français, suffisante à l'apprentissage d'écrivain.

Le métier d'écrivain embrassait, outre la copie des actes courants, les inventaires, comptes et arrêts des dépenses des tuteurs et mineurs, et une grande partie de notre librairie : imprimerie (que la main remplaçait), édition, vente. En somme contentieux et librairie. Métier d'ailleurs assez couru : l'on comptait à Paris environ six mille écrivains.

Ses parents morts, Flamel put acheter une charge de libraire-juré au Charnier des Innocents, et, pratique, sérieux, il trouva bientôt le bon parti en Perrenelle, belle et honnête dame, veuve déjà deux fois — de Raoul Lethas et de Jehan Hanigues —, et plus âgée que lui (vers 1355).

Le Charnier des Innocents occupait l'emplacement du square actuel ; tout un côté subsiste rue des Innocents, dont les voûtes supportent de hautes maisons, ou, percées, sous le n° 11, servent de passage. Autrefois, la galerie voûtée l'enfermait entièrement, sombre, humide, pavée de tombeaux, tapissée de monuments funèbres et d'épitaphes, bordée d'étroites boutiques de modes, de lingerie, de mercerie, de bureaux d'écrivains. Et ce commerce devait certainement moins troubler les morts qu'aujourd'hui la rue qui coupe en deux le cimetière Montparnasse, le pont qui traverse le cimetière Montmartre ou le chemin de fer qui côtoye le Père-Lachaise. La partie de la galerie occupant la rue de la Ferronnerie (autrefois rue de la Charonnerie) portait en fresques une *danse macabre* ou *danse des morts*. Au milieu, le cimetière, avec ses tombes semées au hasard, et, la nuit, une grande lumière pour faire respecter le séjour des morts.

Quelque temps après l'installation de Flamel au Charnier la corporation des Ecrivains émigra en masse vers l'église Saint-Jacques comme, il y a quelques années, la corporation des bijoutiers quitta le Palais-Royal pour la rue Royale et la rue de la Paix. Les individus du même métier s'établirent toujours proches les uns des autres, pour se mieux surveiller, se mieux concurrencer, mais non pour la commodité des clients qui préféreraient, sans doute, trouver des représentants de chaque corps dans leurs quartiers respectifs. Voyez aujourd'hui les bondieuseries autour de Saint-Sulpice, les grainetiers au Châtelet, les bouquinistes près de la place Saint-Michel, les graveurs passage du Caire, les ébénistes faubourg Saint-Antoine ; autrefois, les cloutiers et vendeurs de fil avaient envahi la rue de Marivaus, et les armuriers les rues de la Vieille

Monnoye et La Haumerie. La rue de l'Eglise Saint-Jacques où s'installèrent les écrivains devint la rue des Ecrivains.

Flamel suivit ses confrères, acheta deux échoppes adossées à l'église, près du petit portail ; et sur un terrain situé au coin de la rue de Marivaus et de la rue des Ecrivains il fit bâtir une maison (la rue de Marivaus s'appelle aujourd'hui rue Nicolas Flamel) en face de celle de Jean Harengin, écrivain, laquelle s'élevait à l'autre coin de la rue de Marivaus. Dans les échoppes, longues de cinq pieds et larges de trois, d'un loyer total de deux sols parisis pour fonds de terre au roi et de deux sols à l'œuvre de Saint-Jacques, s'exposaient les précieux manuscrits, les enluminures compliquées qui devaient appâter le passant qu'attendait Nicolas Flamel, cependant que ses élèves copiaient longuement la Bible, des psautiers, des livres d'Heures, des traités d'alchimie dans sa maison à l'enseigne de la *Fleur de Lys*.

L'église Saint-Jacques la Boucherie était loin d'être terminée quand Flamel la prit pour abri ; bien que déjà célèbre en 1119 elle ne fut achevée que sous François Ier. (La Révolution la démolit, n'en laissant que la tour — la tour Saint-Jacques — dont les fondements furent jetés en 1508). Elle abritait, ainsi que la plupart des autres églises, des échoppes, telles que nous en voyons actuellement encore collées à Saint-Roch et Saint-Nicolas-du-Chardonnet.

Flamel et sa femme s'entendaient fort bien, de goûts

semblables, mangeant dans de la vaisselle de terre, bons chrétiens, aidés de deux servantes, Marguerite La Quesnel et sa fille Colette. L'on me permettra, toutefois, de penser que l'excellent couple n'était pas tout à fait aussi modeste qu'on s'est plu à le représenter : je n'en veux pour témoins que ses portraits et statues qu'il mit un peu partout.

L'excellente Perrenelle, au Charnier des Innocents et sur le Portail de Saint-Jacques, apparaissait plus petite que son mari, suffisamment élancée, de mise décente et modeste, le visage régulier, quoique le menton légèrement saillant. Flamel, aux mêmes endroits, en outre à Sainte-Geneviève des-Ardents, apparaissait massif, les cheveux courts, le front large, les yeux grands, enfoncés, le nez long et tombant, la bouche pincée, le cou épais, les mains fines, portant le grossier habit de pèlerin, manteau long et retroussé sur l'épaule droite, le chaperon à demi abattu autour du col, la cornette pendant très bas, une ceinture avec l'écritoire, signe de sa profession. Ajoutons que dans la vieillesse il laissa croitre sa barbe.

IV

— Un chanoine, mon cher Maître, un vrai ?

— Un vrai !

— Vous m'étonnez ! Et où l'avez-vous rencontré ?

— Chez un bouquiniste. Il bouquinait, je bouquinais, et le bouquiniste se rappelant qu'il confectionnait un livre sur la Science et la Religion me le présenta, lui assurant que je pourrais le tuyauter sur la question chimique.

— Alors, il me concurrence ?

— Non, il cantonne dans l'abstraction et plane trop haut. Après tout il existe une catégorie de lecteurs pour cette catégorie d'auteurs que M. Boutroux résume.

— Dites-moi, le chanoine connaît-il vos opinions religieuses ?

— Il est d'esprit large.

— C'est-à-dire que vous l'avez déjà embêté avec vos plaisanteries plus ou moins spirituelles, et qu'il les a méprisées.

— Si vous voulez...

— Et quand le verrai-je ?

— Tout à l'heure : j'ai rendez-vous avec lui à Saint-Séverin.

— Et vous n'allez pas le laisser attendre ? Jobert, vous m'étonnez de plus en plus ! Mais pourquoi à Saint-Séverin ?

— Parce qu'il doit y visiter je ne sais qui ou je ne sais quoi. Et je vous emmènerai.

— Soit. Vous ne lui exhiberez pas le portail Saint-Marcel ! Et comment s'appelle-t-il ?

— Bournier. Maintenant, nous avons deux heures à perdre : si nous parlions de Nicolas Flamel ?

— Allons-y. J'en suis au moment où un hasard dévie la destinée de notre homme.

— Lisez. Je prends une prise et je vous ouis.

— « Un jour de l'an 1357, Flamel acheta, pour la somme de deux florins, un livre doré, vieux, large, point de papier ou parchemin comme les autres, mais de déliées écorces de tendres arbrisseaux. La couverture était de cuivre, toute gravée de lettres ou de figures étranges, lesquelles parurent à Flamel des caractères de langue grecque ou d'autre semblable langue ancienne : il savait seulement qu'elles n'étaient point notes, ni lettres latines ou gauloises. Quant au dedans, ses feuilles d'écorce étaient gravées, et, d'une très grande industrie, écrites avec une pointe de fer, en belles et très nettes lettres latines colorées. Il était divisé en trois parties de sept feuillets chacune, le septième ne portant jamais d'écriture, mais bien, le premier une Verge et des Serpents s'engloutissant, le second une Croix avec un Serpent crucifié, et le troisième des déserts au milieu desquels coulaient plusieurs belles fontaines dont sortaient des serpents courant par-ci et par-là. (Ici encore nous retrouvons les chiffres 3 et 7).

Au premier des feuillets il y avait écrit en lettres grosses capitales dorées : « Abraham le Juif, prince, prestre lévite, astrologue et philosophe, à la gent des Juifs par l'ire de Dieu dispersée aux Gaules. Salut. D. I. » Après cela il était rempli de grandes exécrations et malédictions (avec le mot *Maranatha* souvent répété) contre toute personne qui le regarderait si elle n'était Sacrificateur ou Scribe.

Ce livre était probablement l'œuvre du rabbi Abraham. Quant à *Maranatha* c'est-à-dire *Anathème* c'était une formule que les alchimistes mettaient en tête de leurs traités pour... attirer l'attention du lecteur.

Au reste, Flamel, en jouant sur le mot, était scribe — sinon Sacrificateur, — il pouvait donc poursuivre la lecture. Véritable trouvaille, et, certainement, celui qui avait vendu ce livre à notre homme ne connaissait pas plus que lui sa valeur. L'ouvrage avait dû être dérobé aux misérables juifs, ou trouvé dans leur ancienne demeure. L'auteur, au second feuillet, consolait sa nation, lui conseillant de fuir les vices et surtout l'idolâtrie, d'attendre patiemment la venue du Messie qui vaincra tous les rois de la terre, et règne éternellement avec son peuple.

Il faut dire qu'à cette époque les rois malmenaient quelque peu les juifs, les chassant après les avoir dépouillés, et leur permettant de revenir moyennant de fortes sommes.

Abraham devait être savant et philanthrope : car au troisième feuillet et aux suivants, pour aider sa nation captive à payer les tributs aux Empereurs romains, et pour faire autre chose que je ne dirai pas (et pour cause !), il lui enseignait la transmutation métallique en paroles communes, peignait les vaisseaux sur le côté des pages, et avertissait des couleurs et de tout le reste — sauf du premier agent dont il ne disait mot ; il le peignait seulement, comme il le disait, et le figurait par très grand artifice aux quatrième et cinquième feuillets. Encore qu'il fût bien intelligemment figuré et peint, aucun ne l'eût compris sans être fort avancé en la Cabale classique, et sans avoir longuement étudié les livres.

Donc les quatrième et cinquième feuillets étaient sans écriture, tout remplis de belles figures enluminées : l'auteur y avait peint d'abord un jeune homme avec des ailes au talon, tenant une verge caducée entortillée de deux serpents, dont il frappait une salade lui couvrant la tête (c'était, évidemment, le dieu Mercure des Païens), et vers lequel descendait, volant à ailes déployées, un grand vieillard, avec une horloge attachée dans le dos, et tenant dans ses mains une longue faulx dont il semblait vouloir couper les pieds de l'autre.

A l'autre face du quatrième feuillet était peinte une belle fleur au sommet d'une haute montagne sur laquelle soufflait rudement l'Aquilon ; la plante avait le pied bleu, les fleurs blanches et rouges, les feuilles reluisantes comme l'or fin ; autour d'elle un Dragon et un Griffon Aquiloniens construisaient leurs nids.

Au cinquième feuillet il y avait, dans un riche jardin, un beau rosier fleuri appuyé contre un chêne creux, et, à ses pieds, une fontaine d'eau très blanche qui se précipitait dans un abîme après être passée parmi de nombreux aveugles qui la cherchaient sans la rencontrer.

Au revers du cinquième feuillet se trouvait un Roi avec un grand coutelas, en présence duquel des soldats tuaient une collection de petits enfants, cependant que leurs mères pleuraient à ses pieds ; d'autres soldats recueillaient le sang des victimes et le mettaient dans un vaisseau où baignaient le Soleil et la Lune.

« J'en suis resté là. Aussi embarrassé que Flamel pour trouver quelques explications.

— C'est pourtant bien simple.

— Simple ?

— Mais oui. Le jeune homme avec des ailes aux talons, c'est Mercure. Le Mercure en Alchimie possède collection de sens : tantôt le mercure ordinaire, tantôt le Mercure philosophique prêt à entrer dans l'athanor en cuisson avec le Soufre et le Sel philosophiques, tantôt la matière première de la Pierre c'est-à-dire celle dont on extrait le Mercure philosophique, tantôt la Pierre elle-même, etc.

« Notre Mercure tient une verge caducée entortillée de deux serpents : ces deux serpents représentent l'un le Fixe, l'autre le Volatil. La Pierre philosophale, en effet, est faite de Fixe et de Volatil...

— Je n'entends pas ce jargon.

— De chaleur obscure et de chaleur lumineuse, si vous voulez.

— Je n'entends pas davantage.

— Patientez une seconde, vous allez comprendre. Le vieillard qui veut couper les pieds de Mercure enseigne qu'il faut volatiliser le Fixe et fixer le Volatil.

— Encore !

— Il signifie aussi la purification de l'argent par le plomb, Saturne correspondant au plomb, et l'argent à la coupelle diminuant de poids, devenant fixe, c'est-à-dire inoxydable.

— Allez ! allez !

— A l'autre face du quatrième feuillet nous retrouvons sous la forme d'un Griffon et d'un Dragon le Fixe et le Volatil...

— Oh !

— Nous les retrouvons, dis-je, en présence cependant que la Pierre se confectionne parmi les vapeurs de la cuisson. Le cinquième feuillet apprend que nous sommes des aveugles, que nous cherchons la fortune bien loin alors qu'elle est à côté de nous. Enfin, au revers de ce feuillet un Roi figure la Pierre philosophale. Nous y voyons aussi que l'or et l'argent (le Soleil et la Lune) sont formés d'autres matières.

« Tout alchimiste vous fournirait cette explication.

— Vous appelez ça une explication? Sur ce, levons le camp, et allons rejoindre le chanoine.

Dans la rue Jobert continua :

— Avez-vous déjà pensé à l'origine du monde, à la Genèse?

— Souvent.

— Et votre opinion?

— Je n'en ai pas. Ou, plutôt, j'en ai tant!

— Il est écrit : « La terre était informe et nue, et les eaux l'entouraient de toutes parts, et l'esprit de Dieu flottait sur les eaux, et les ténèbres couvraient la surface de l'abîme ». Eh bien, au *fiat lux* l'azote et le carbone se séparent du grand H O. L'Eternel n'avait pas encore donné à la matière première la forme et la fonction. Ce grand H O c'est l'énergie cosmique dans laquelle baignent les planètes, c'est la vie universelle, la lumière obscure, le Pantogène, c'est l'Etre, c'est Tout. Au *fiat lux* le Mercure universel se dissocie, donnant l'oxygène (la terre) et l'hydrogène (l'atmosphère). Sur cette terre l'oxygène se transforma en azote et l'hydrogène en carbone : d'où la chlorophylle, les végétaux. Des végétaux naquirent l'iode, le chlore, le brome, le fluor, le bor. Puis vinrent les métaux de nature animale, l'ammonium et le phosphore. De la putréfaction des eaux sortit le soufre. Enfin arrivèrent les métaux hydrocarbonés et les métaux dérivant de la silice.

— Vous me rendrez fou! Mais nous sommes en

avance, nous avons le temps d'errer un peu. Tenez, regardez-moi ce coin de province, là, au n° 15.

— Nous sommes dans la rue des Carmes, c'est ce qui reste de l'ancien collège des Lombards.

— Cette cour vieillotte, cette chapelle flanquée d'arbres...

Ils montaient les rues Laplace, Valette, un quartier oublié du Conseil municipal, éloigné de la Capitale : des voies étroites et grouillant de pauvres gens, des maisons tout en hauteur, tombant les unes sur les autres, ou penchées sur la chaussée comme pour en obscurcir encore le triste jour, suant l'humidité, les portes basses, sombres, des entrées de fours, de cachots conduisant à des escaliers en vis; un bal-musette, des mastroquets, des tripiers, des fripiers ; la rue — plutôt l'impasse — d'Ecosse, la rue de Lanneau, la rue Fromentel.

— Hein ! fit Jobert, vous jouissez, l'amateur du Vieux-Paris ! Nous voici dans un véritable coupe-gorge, parmi des bandits, des souteneurs et des prostituées ! Quel pittoresque ! Vous devriez vous y promener le soir.

— Tenez, là, au 51 de la rue de la Montagne-Sainte-Geneviève cette grille de bistro à l'enseigne de Saint-Etienne avec, de chaque côté de la porte, un pied de vigne dans une gaine de bois ! Et ici, rue Clovis, cette portion de l'enceinte de Philippe-Auguste ! voyez, dominant la rue, ce coin de forêt vierge, cette végétation épaisse, ces arbustes, ces arbres poussant au hasard, ce bout de nature qu'on est tout étonné et tout heureux de rencontrer ! Vous préféreriez, à leur place, des usines avec de droites cheminées, ou une caserne de pompiers comme celle que la Ville a installée dans la longue nef aux fenêtres ogivales, aux rosaces délicieuses de l'ancien couvent des Bernardins, rue de Poissy près d'ici ?

— Vous savez, la Ville n'est pas indispensable ! dans la rue Galande où nous sommes, au nº 42, un simple commerçant a appliqué un large écriteau sur le naïf bas-relief représentant, dans une barque, saint Julien, sa femme et un lépreux par eux recueilli. Là : l'apercevez-vous ?

— Voici Saint-Séverin et son clocher de campagne surmonté d'un coq. Hélas ! la pauvre est dénudée, on lui a retiré sa robe de vieilles maisons qui la dissimulaient aux yeux des barbares, elle apparaît au grand jour, elle s'effare, elle a honte. Enfin... Approchons. Tiens, on peut déchiffrer encore, en bas du porche de la tour carrée gauche, cette inscription gravée en caractères du XVe siècle : *Bonnes gens qui par cy passées, priez Dieu pour les trépassés.* Elle est tout de même une des plus aguichantes de Paris cette église, petite, intime, d'extérieur rustique et d'intérieur précieux. On ne s'y sent pas microbe comme dans la plupart des autres dont les vastes dimensions s'agrandissent encore des artifices de l'architecte qui semble n'avoir cherché qu'à épater le visiteur ou lui imposer l'idée de sa petitesse devant Dieu. A Saint-Séverin on se trouve chez soi, on s'y cherche un coin tranquille, on s'y réfugie derrière des piliers qui bien que parallèles s'enchevêtrent, ménageant des perspectives curieuses, des faux-fuyants amusants, des aperçus pittoresques parmi leurs allées. Mais, ô mon Dieu, pourquoi ces vitraux modernes, pourquoi ces morceaux de verre peinturluré portant orgueilleusement les noms des donateurs et dignes des pierres du Sacré-Cœur de Montmartre ? pourquoi cette sainte Marie-Madeleine en Provence, « don de la famille Roulbac », badigeonnée de lie-de-vin et de vert-de-gris, pourquoi cette première communion avec, à genoux, feu le baron Alphonse de Rothschild et des dames habillées boulevard Sébastopol ?

« Où allez-vous rencontrer votre chanoine ?

— Entrons, je le dénicherai aisément. Tenez, le voici regardant en l'air. Venez, que je vous présente.

Le chanoine Bournier ne payait pas de mine, la soutane visiblement tachée et rapiécée, les mains rouges, les ongles noirs, la face paysanne, la taille courte, la démarche grossière. Seulement les yeux pétillaient d'une flamme ironique, démentant assez l'indifférence de la bouche. Cet homme assurément ignorait la flatterie, l'appareil mondain, et du haut de sa tranquillité regardait peut-être non sans plaisir ses pareils gaffer et s'embourber. Ce contraste quasi-mystérieux tentait tout observateur, l'irritait par l'impossibilité de démêler la vérité : saint ou idiot, on ne savait quelle étiquette lui coller à première vue. Il tenait de l'orgueilleux, du fumiste, du désabusé, du je m'en-fichiste, du mystique.

Mais à ses premiers mots on le sentait sûr de lui, réfléchi, calé, mûri.

— Monsieur, dit-il, j'ai lu votre livre *Les Pierres vivent et meurent* que M. Jobert m'avait indiqué, et je vous avouerai que les très curieuses expériences du Professeur Stéphane Leduc m'ont vivement intéressé, mais pas convaincu. Voyons, entre nous, ces plantes poussées de graines exclusivement minérales vous apparaissent-elles vivantes ? Je ne vous dirai point comme l'Académie qu'elles ne sont que des précipités tubulaires métalliques, et pas douées de vie puisqu'il leur manque une fonction, la reproduction, — à quoi vous avez répondu que dans ce cas le mulet n'était qu'un précipité tubulaire métallique puisqu'il ne reproduisait pas. Mais pour leur prêter la vie ne devez-vous pas, dans votre préface, donner de la vie une définition *ad hoc ?* « La vie, avancez-vous, est la résultante de deux forces, l'une active, la pression osmotique, qui met en mouvement les molécules et les ions ; l'autre passive, la résistance opposée par les plasmes à ces mouvements ». Voyons, est-ce là la vie ? cette définition explique-t-elle l'instinct de conservation, l'équilibre qu'elle maintient entre tant d'éléments ennemis ? explique-t-elle, si vous préférez, la pression osmotique et la résistance à elle opposée ?

« Encore une fois ces recherches biologiques m'intéressent extrêmement, et je ne les vois nullement d'un mauvais œil. Mais il ne faut pas aller trop loin, et vouloir s'attribuer la puissance qu'on refuse à Dieu, créer la vie ! Que l'homme singe Dieu, soit ; mais qu'il prétende le dépasser... Laissez à Dieu l'unité, le point de départ, amusez-vous avec le reste. Ne remontez pas à la source, vous perdriez votre temps, ou vous tomberiez à des définitions aussi obscures que celle-ci : « La matière c'est l'énergie en mouvement ! » Essayez donc de vous représenter l'énergie en mouvement, passez donc de l'impondérable au pondérable ! La Science a une limite : Dieu, l'Inconnaissable, l'Incompréhensible.

« A la rigueur j'admettrais les théories de l'évolution et de l'adaptation lesquelles s'accordent avec la loi du progrès physique et moral, de l'acheminement vers l'harmonie, loi qui indique en somme le rôle scientifique du libre-arbitre de l'homme : partir d'un point incompréhensible et admis pour tendre vers un autre point également incompréhensible et admis. Partir, la nuit, d'un endroit pour arriver, la nuit, dans un autre endroit après un beau voyage de jour. Résoudre un problème selon la formule : Supposons le problème résolu. Définir — comme d'ailleurs on a coutume de le faire — une chose à l'aide de ses qualités, c'est-à-dire bonnet blanc, blanc bonnet. Echafauder des lois, des règles, des théorèmes sur des fondations creuses, la géométrie, par exemple, sur la ligne horizontale courbe (puisqu'elle suit la direction de l'eau dormante) et sur la ligne verticale horizontale (puisque la verticale au pôle est perpendiculaire à la verticale à l'équateur). Avouons donc qu'on se heurte à l'Incompréhensible, à l'Indomptable, que la science ne vit que de théories relatives, éphémères et multiples cependant que Dieu demeure absolu, éternel, un.

— Vous réduisez, M. le Chanoine, la science à un amusement sans portée, à une distraction bonne à contenter quelques pauvres fous de savants.

— Mais jamais de la vie ! Loin de moi une telle pensée ! La science sert Dieu : plus l'homme acquiert de connaissances, plus il constate son ignorance ; plus il avance, plus il recule — à la façon des excursionnistes en montagne qui se figurent que le sommet s'éloigne à mesure qu'ils grimpent. Seul le véritable savant comprend le peu de chose qu'il est.

— Que vous êtes indulgent ! La plupart des savants sont d'un orgueil assommant, ils assassinent leurs confrères, proclament la vérité de leurs découvertes, se posent en réformateurs, détruisent tout, échafaudent de nouvelles bases, et se laissent adorer jusqu'à ce que d'autres plus adroits, plus audacieux, ou simplement plus riches, les écrasent à leur tour. Le savant devient charlatan avec une incroyable facilité. Et Pasteur...

— Et Berthelot donc ! interrompit Jobert heureux de trouver l'occasion de maudire un officiel.

— Laissons les personnalités, riposta le chanoine. Je puis vous assurer que je connais d'excellents catholiques qui sont de parfaits savants.

— Ces catholiques, M. le Chanoine, ne peuvent être que des mystiques, je veux dire des croyants se passant, en somme, de l'intermédiaire du prêtre et du culte, s'adressant directement à Dieu. Oui, il faut qu'ils soient des simples, qu'ils ne cherchent pas de vingt-quatre à vingt-six heures, qu'ils ignorent la raison, la scolastique, les dogmes transcendantaux, les spéculations théologiques pour que les études scientifiques ne les conduisent pas à la négation de la foi. Ils cuisinent des expériences de laboratoire comme ils enlumineraient des missels, pour la seule gloire du Seigneur, et ils lui offrent leur nouvelle méthode de préparation du sulfure de strontium phosphorescent comme ils lui offriraient une miniature ou un chant.

— Votre définition des mystiques n'est pas très orthodoxe, mais elle renferme une grande part de vérité. Heureux, cher Monsieur, les pauvres en esprit, ceux qui vivent en Dieu ainsi que Dieu vit en eux, ceux qui se contentent d'aimer la poésie des cloches, la légende de Noël, la figure de la Vierge, ceux dont seuls le cœur et l'imagination s'échauffent, ceux qui n'aspirent qu'à la consolation, qu'à la communion avec un Père indulgent, ceux qui ignorent la métaphysique, la cosmogonie...

— Et la Gnose, dit Jobert.

— La Gnose ! Ah ! parlons-en ! Charlatanisme pur ! Gnose ou science parfaite ! rien que ça ! Dieu passé au crible de la science et de la philosophie ! Dieu jugé par les hommes, et leur serviteur! Pure invention de Shatan, Messieurs! Le démon en présentant sous l'appareil gnostique l'alliance de la religion et de la science tend un abominable piège. Confondre science et religion, vouloir en amalgamer un tout confine à l'hérésie, à la folie : qu'a-t-elle donné à l'humanité, la science ? des commodités matérielles superflues, et créé des besoins vains qui loin d'alléger les malheureux les crèvent d'envie, leur exhibant le riche promené en chemin de fer ou en auto, éclairé à l'électricité, et ne leur rappelle pas que ce riche meurt comme eux et que la science ne l'arrache pas à la mort. La France est-elle plus prospère depuis qu'elle possède des voies ferrées ? non, n'est-ce pas, puisque les autres pays en sont également sillonnés, et les émigrants souffrent-ils moins à périr d'inanition en Amérique qu'en Italie ?

— Ils connaissent les fièvres en plus.

— A quoi servent les dirigeables et les avions sinon au mal, à la guerre ? et la chimie sinon à falsifier les denrées et composer des explosifs ?

— Bigre ! M. le Chanoine, c'est le procès de la science que vous exposez !

— Franchement, croyez-vous le monde plus heureux aujourd'hui qu'il y a deux mille ans ? Nos ancêtres se passaient fort bien du téléphone, et nous nous passons fort bien des inventions qu'on produira dans deux mille ans. La culture romaine valait la nôtre !

— Avant ou après Jésus-Christ ? interrogea Jobert.

— Les siècles s'enchaînent sans que la conscience du bien ou du mal varie dans son essence...

— Mais qu'elle varie dans la forme ! Sur ce, M. le Chanoine, je vous laisse avec le Maître, ne craignez pas de le rabrouer vigoureusement s'il vous taquine. Demandez-lui à quoi sert la fabrication de l'or, et démontrez-lui qu'elle n'influera nullement sur notre pauvre humanité.

V

— Si la science ne s'entend pas avec la religion elle ne s'entend guère plus volontiers avec l'art! Cette carte postale qu'un de mes amis m'a expédiée parce qu'il s'embêtait dans un café représente la statue d'Adam à la Tour de Beurre de la cathédrale de Rouen : pourquoi, diable, le sculpteur a-t-il creusé un nombril dans le ventre du premier homme? Je sais bien que les artistes ne sont pas à ça près, qu'ils ne se gênen pas pour couronner, non d'églantines, mais de nos roses les Romains — qui les ignoraient totalement. Et les occultistes, initiés parfaits! les imitent en ornant d'une magnifique rose de France la croix en tau. Cela a dû plaire à Sienkiewicz lequel dans *Quo vadis* a si bêtement démarqué *Les derniers jours de Pompéi* de Lytton. Celui-là ne s'entendait ni avec la science ni avec l'art!

— Sa tisane littéraire a enthousiasmé les masses. N'oubliez pas, mon cher M. Schwaeblé, que ces masses constituent la Chrétienté laquelle les préfère certainement pour leur simplicité aux intellectuels souvent gênants.

— Voyons, M. le Chanoine, nous avons bifurqué,

reprenons notre premier sujet : quand partons-nous pour la Bretagne ?

— Alors, vous abandonnez Nicolas Flamel ?

— Je le quitte pour quelques jours : au reste le bain de Moyen-Age qui m'enveloppera là-bas m'aidera à le situer dans son cadre et son époque.

— Voulez-vous fixer notre départ à lundi ? J'aurai ainsi le temps de me procurer les paperasses que le notaire de Morlaix exige pour régler ce mince héritage dont le seul bénéfice, si cela continue, sera ce voyage en votre compagnie.

— Soit, lundi en route ! Je me réjouis de revoir la Bretagne avant que les autos et les chemins de fer l'aient entièrement civilisée à la façon du Mont Saint-Michel, avant que, M. le Chanoine, le Clergé l'ait absolument corrompue.

— Que vient faire le pauvre Clergé dans cette aventure ?

— Mais oui, le Clergé ! Ecoutez-moi : le Breton est grave, mélancolique : peut-être s'inquiète-t-il vaguement de choses entrevues, soupçonnées ; et encore, non, cela dépasse son entendement, il ne cherche pas à comprendre, il ne pense pas, attendant la mort, résigné, incapable d'effort, fataliste. Comme ces animaux qui sentant venir l'orage s'arrêtent au lieu de le fuir, lui laisse tranquillement arriver la fin de tout parmi la tristesse de son ciel, sa mer grise, ses couleurs éteintes. En un mot le Breton a besoin d'être dirigé, éperonné.

« Les Celtes étaient des hommes énergiques, des hommes d'action. Ne redoutant pas la mort qui les transvasait simplement en d'autres corps ils allaient de l'avant, agissaient.

« Vint le Clergé.

— Et alors ?

— Et alors, il leur montra la Mort impitoyable, et, par-dessus le marché, ménageant la chèvre et le chou, paganisme et christianisme, il se contenta de planter la croix sur le men-hir, créa une religion mixte, grâce à laquelle les dieux devinrent les saints, reléguant Notre Seigneur au dernier plan. Au lieu de frapper un grand coup, d'imposer le Dieu-un en trois personnes le Clergé inventa le Dieu-un en une collection de saints dont la plupart n'ont même pas leurs noms dans le calendrier. Une croix sur un men-hir, voilà la Bretagne, la Bretagne superstitieuse, étroite qui grossit peu à peu le bataillon de domestiques et de prostituées crevant de faim à Paris. Cette croix et ce menhir me rappellent le bonnet léger des femmes posé sur leur corps de grosse dondon. Oui, un pays qui se meurt sous les gracieuses légendes, un pays doux, un pays qu'il faut contempler au crépuscule, un pays de vieilles gens, un pays accablé de poésie et de rêverie...

— Laissez le temps agir. Le climat breton fortifie singulièrement la foi anémique, il opère de merveilleuses cures. L'atmosphère amollit délicieusement, ainsi qu'un bain à la juste température dans lequel on s'attarde, oublieux. Il vous est déjà arrivé à Paris, n'est-ce pas, à la tombée de la nuit, l'hiver, d'entrer dans une chapelle bien chaude, de vous asseoir près d'une bouche de chaleur, et de sentir bientôt votre corps, votre âme s'engourdir, de demeurer inconscient de l'extérieur, avec des envies de pleurer ?

— Souvent.

— Eh bien ! le climat breton influe à la façon de cette chapelle, il attendrit, il réconforte, offrant un air salutaire aux poumons et à l'âme. Il guérit celle-ci des plus vieilles négations, des plus vieux doutes, sans coup de foudre, insensiblement. A Lourdes l'Eglise assomme, met les pieds dans le plat, ordonne ; en Bretagne elle caresse, enveloppe, s'insinue. Là elle commande, ici elle prie.

« Quant à ces divers saints qui vous chiffonnent soyez plus indulgent : songez que saint Béat, saint Colomban, saint Marcoul, sainte Osmane, saint Paterne, saint Secondel, saint Hélier, saint Samson, saint Bieuzy, saint Guingaloc, saint Jacut, saint Padrick, saint Herbot, saint Tudi, saint Cornéli, saint Jorhand, saint Envel, saint Pever, saint Iguinou, saint Gily, sainte Eliboubane, sainte Achée, sainte Lallac, sainte Coupaïa, sainte Landouenne, sainte Tugdonie, sainte Tunevel, saint Beuzec, saint Gorgon, saint Yvi, saint Lévias, saint Uzec, saint Gestin, saint Miliau, saint Nérin, saint Loënan, saint Bergat, saint Raven, saint Mandan, saint Vellé, saint Isis, saint Idunet, saint Guennolé, saint Corentin, saint Goulven, saint

Goeznou, saint Efflam, saint Ronan, saint Vouga, sainte Nennok...

— Ah bien ! vous avez une mémoire !

— Songez, dis-je, que chaque saint guérit une maladie ! Saint Maur la goutte, saint Job la lèpre, saint Gilles le cancer, saint Guy la chorée, saint Aventin le rhume, saint Fiacre le flux de sang, sainte Geneviève les ophthalmies, sainte Catherine d'Alexandrie les migraines, sainte Reine les maladies secrètes, saint Barthélemy les convulsions, saint Firmin les crampes, saint Benoît les érésypèles et la pierre, saint Loup les douleurs d'entrailles, saint Hubert la rage, sainte Appoline les névralgies faciales et les maux de dents ! De véritables spécialités pharmaceutiques ! Et, j'y pense, voilà un nouveau document pour vous : les saints guérisseurs, l'alliance de l'Eglise et de la Médecine !

— Beaucoup de légende, beaucoup de superstition, peu de science. Je possède mieux dans mes notes ; tenez, les origines, en somme, du magnétisme, la médecine par le toucher divin. Je lis, au hasard :

« Jésus guérissait les malades en les touchant. Soit qu'il les touchât de sa propre main, soit qu'il leur fît toucher ses vêtements, il soulageait les misérables, semblant, d'ailleurs, croire plus à la foi qu'à sa science : ne dit-il pas : *Fides tua te salvam fecit* à une femme débarrassée d'un flux de sang par le seul contact de la frange de sa tunique ?

« Au moment de l'arrestation de Jésus, rapporte

saint Luc, un de ses compagnons frappant le serviteur du grand prêtre lui emporta l'oreille droite; mais Jésus lui adressa ces mots : « Abstenez-vous » ; et, touchant l'oreille, il la guérit.

« Et saint Marc : Jaïrus vint trouver Jésus pour le prier de se rendre auprès de sa fille à l'agonie. Chemin faisant on leur annonça son décès. Mais Jésus engagea le père à ne pas désespérer encore. Arrivé au chevet du lit de la jeune fille, il lui ordonna de se lever, et elle se leva.

« Encore saint Luc : Jésus croisant le cortège funèbre du fils unique de la veuve de Naïm dit à la mère : « Ne pleure point », et, touchant le corps, il s'écrie : « Jeune homme, je l'ordonne, lève-toi », et celui-ci se lève.

« Il n'en fallut pas plus pour que les rois qui tenaient de Dieu leur dignité attribuassent à leur toucher le pouvoir de guérir, et... guérissent parfois.

— Oui, et ces guérisons nos modernes savants les expliquent à l'aide de l'influence morale, de la suggestion. Il ne leur reste plus qu'à expliquer pourquoi l'influence morale guérit plutôt que le toucher ! Franchement, voilà trop longtemps qu'ils nous parlent influence morale, suggestion, hystérie : ce sont des mots, pas des explications. Chaque fois qu'ils ne comprennent pas « Suggestion ! ». Quand quelque chose gêne leurs classifications « Suggestion ! ». Ce mot « suggestion » s'applique à tout.

« Tout ce qui sort de l'ordinaire « Hystérie ! Suggestion ! ». Ecoutez la lumineuse explication, par l'un de nos docteurs, de ce texte de l'Evangile *Les boiteux cheminent :* « Ne pourrait-il s'agir de claudication hystérique, due soit à une coxalgie de même nature ; soit à un pied-bot varus ; soit à une névralgie sciatique, avec parésie hystérique du membre inférieur droit, déterminant une gêne dans la marche ; soit à une contracture hystérique du membre inférieur gauche, déterminant une pseudo-ankylose du genou et un pied-bot talus ; soit à une contracture du membre inférieur gauche, rendant la marche impossible ; soit à une contracture hystérique des muscles de la jambe, suffisante pour déterminer la claudication ; soit, enfin, à de l'hémiplégie droite suivie des mêmes effets? ». Avouez que vous n'avez que l'embarras du choix..... des mots, et que, quand vous l'aurez arrêté, vous saurez que les boiteux cheminaient parce que... ils cheminaient !

— Revenons aux rois. « Le roi (Louis VI), notre sire, — écrit Guibert, abbé de Nogent qui vivait sous son règne — fait ordinairement des prodiges : il guérit les personnes affectées d'écrouelles au col, ou en tout autre endroit, en ajoutant à son attouchement le signe de la croix ; étant près de lui, j'ai vu les malades accourir, et j'ai contribué, comme les autres personnes de sa suite, à écarter la foule... »

« Au moment de mourir Philippe-le-Bel mande son fils aîné, — rapporte du Tillet — « luy enseignant saintes et dévotes paroles, qu'il avoit accoutumé de dire en touchant les malades ; le prècha de sainte vie pour faire cet attouchement, luy remontrant que, selon l'Ecriture, Dieu n'oyt ni exauce les vicieux, et par eux ne fait miracle. »

« Après que le roi (Charles VI) eut entendu la messe (de son sacre), on apporta un vase plein d'eau. S. M., ayant fait sa prière devant l'autel, toucha le mal de la main droite, le lava dans cette eau que le malade porta sur la partie neuf jours de jeûne. » (Conti).

« Au sortir de notre sacre de Reims, dit François Ier, et allant à l'église de M. Saint-Marcoul, où nous et nos prédécesseurs avons coutume aller faire nos oblations et révérer le précieux corps de saint Marcoul pour le très excellent et très recommandable privilège de la guérison des écrouelles qu'il a plu au créateur miraculeusement impartir à nous et à nos prédécesseurs par le toucher et le signe victorieux de la croix, par le mérite duquel survient la guérison. »

« Thomas Platter rapporte ceci (25 décembre 1599) : « Dès que le souverain eut fait son entrée dans la salle tous les malades s'agenouillèrent en cercle ; le roi alla de l'un à l'autre, en touchant, avec le pouce et l'index, le menton et le nez de chaque malade ; puis il toucha avec les mêmes doigts les deux joues, les mettant ainsi en forme de croix, et en disant, au premier signe : « Le Roi te touche », et au second : « Dieu te guérit ! » Et Platter ajoute : « On prétend que lorsque l'attouchement d'un roi ne guérit pas c'est que ce roi n'est pas légitime, car Dieu accorde aux véritables souverains la faveur de guérir tout le monde. »

« Plus tard nous avons le diacre Paris dont le tombeau...

— Laissons, s'il vous plaît, les histoires de ce diacre. Celles-là, je l'accorde à Messieurs de la Salpêtrière, relèvent pour la plupart de la folie. Les charlatans exploitent aisément les pseudo-miracles que de naïfs curés sanctionnent de leur autorité, et que nos ennemis s'empressent de nous jeter à la tête. Nous comptons trop de saints miraculeux, trop de cures miraculeuses, trop d'ampoules miraculeuses.

— Eh bien ! Monsieur le Chanoine, nous tâcherons en Bretagne de ne pas visiter trop de fontaines miraculeuses.

— En fait de remède miraculeux parlez-moi plutôt de la Pierre philosophale, de cette bienheureuse panacée universelle !

— Panacée universelle, non ! elle ne raccommode pas les jambes cassées, elle ne remplace pas les organes détruits ; mais l'on peut avancer que, contenant la vie — laquelle est la même pour les trois règnes, — elle communique un peu de cette vie aux malades, elle introduit dans l'économie l'activité solaire, redonnant de l'énergie à la masse cérébrale ; c'est en somme un tonique puissant, un élixir de vie, un ferment...

— Qui ne diffère pas sensiblement des mixtures que vendent nos pharmaciens !

— Il faut tenir compte du mirage qu'exerçait — et qu'exerce — l'or ! l'or flamboyant, l'or summum de la perfection, l'or divin...

— Divinité de paganisme !

— Mais non, Monsieur le Chanoine ! Certains alchimistes très pieux, très sincères considéraient l'or comme émanation de Dieu, comme par conséquent capable de toutes les vertus. Ajoutez qu'ils pouvaient s'emballer sur leurs travaux, sur leurs découvertes. Rappelez-vous nos savants qui, il y a quelques années, annoncèrent que le radium changerait la face du monde, révolutionnerait la médecine, guérirait le cancer, cicatriserait les plaies, calmerait la douleur, enrayerait la phtisie, que sais-je ! et qu'a fait le radium ? faillite.

— Théorie qui n'avait même pas pour elle l'attrait de la nouveauté, puisque la désintégration de la matière est nettement enseignée par le *Pulvis es et pulvis...*

— Voilà qui est un peu tiré par les cheveux ! C'est une explication à la Nicolas Flamel !

— Au fait, que devient votre héros ? où en êtes-vous ?

— J'en suis à l'époque à laquelle cet excellent Flamel, brave commerçant, ne connaissant rien de la chimie, se met à chercher la clé de la Pierre philosophale dans son fameux livre.

— Ah ! ah ! voyons vos notes.

— Vous le voulez ? soit.

« Ayant chez lui ce beau livre il ne faisait, nuit et jour, qu'y étudier, comprenant très bien (c'est Flamel qui l'assure) toutes les opérations qu'il démontrait, mais ne sachant pas avec quelle matière il fallait commencer, ce qui lui causait une grande tristesse, le rendait solitaire et faisait soupirer à tout moment. (Ce livre devait contenir de merveilleux secrets : il avait été écrit par un juif, et les juifs à cette époque s'entendaient merveilleusement avec Shatan !)

Sa femme Perrenelle qu'il aimait autant que lui-même s'étonnait vivement de cette nouvelle attitude, le consolant de son mieux, lui demandant à chaque instant si elle pouvait le délivrer de sa fâcherie. Il est certain que cela doit être assez ennuyeux pour une femme pas mal plus âgée que son mari de le voir atteint de soucis qu'il ne daigne pas lui expliquer : sans nul doute cette pauvre Perrenelle se figurait autre chose... Et cela devait la vexer d'autant plus que c'était elle qui avait apporté l'argent dans le ménage.

Mais Flamel aimait sa femme, et, ne voulant pas la chagriner ou ne pouvant tenir sa langue, il lui montra le beau livre. Sur-le-champ Perrenelle d'en être aussi amoureuse que lui, de prendre un extrême plaisir à contempler couverture et gravures, tout en y entendant naturellement aussi peu que lui.

Toutefois, c'était une grande consolation pour Flamel que d'en parler sans cesse avec sa compagne et d'essayer des interprétations.

Ici qu'on nous permette une petite digression : le défenseur le plus zélé de la cause de Flamel, Albert Poisson, a écrit un livre appuyé sur toutes sortes de documents pour prouver que notre alchimiste était l'homme le plus désintéressé de la terre, et qu'il ne songeait dans sa recherche de la Pierre Philosophale qui devait lui coûter tant d'argent, tant de déboires, tant de temps qu'à alimenter de bonnes et saintes œuvres.

Or, la suite du récit montrera que Flamel, comme tous les souffleurs, risquait de singuliers ennuis — qu'il n'ignorait pas — à ce genre de travaux : perquisitions, prison, confiscation des biens, torture, bûcher. Déjà à cette époque le maniement des métaux précieux était réglementé par des ordonnances royales, et si les Pouvoirs fermaient les yeux sur les opérations des souffleurs maladroits et inoffensifs ils ne manquaient pas — l'Histoire l'indique — de s'emparer des imprudents (pour les faire travailler à leur profit) qui passaient pour avoir trouvé quelque chose.

Poisson dit : « Flamel n'a jamais désiré l'or pour lui-même, peu lui importait d'être riche ou pauvre, il donna tout aux pauvres et aux églises, et quand il mourut il n'était guère plus riche qu'avant d'avoir opéré la transmutation, du reste il ne fit cette opération que trois fois dans sa vie ! Est-ce là le caractère d'un homme avide d'or ! Flamel n'étudia l'alchimie que par curiosité, par amour de la science et non dans un but de lucre ; ce qu'il voit à la fin de ses travaux c'est de pouvoir enfin lire couramment son mystérieux livre d'Abraham Juif, de pouvoir déchiffrer les hiéroglyphes dont le sens lui échappe, il n'a qu'un désir, parfaire le grand œuvre et contempler les merveilles de la pierre des philosophes ! Voilà les seules raisons qui poussent Flamel ; les obstacles, les déceptions ne feront que l'irriter sans le décourager ».

Notre scepticisme, nous l'avouons, nous pousse à croire que les bonnes œuvres ne lui servaient que de couverture, et que s'il ne fit la transmutation que trois fois c'est qu'il ne put la faire une quatrième.

... Flamel eut l'idée de faire copier les figures des quatrième et cinquième feuillets — soit qu'il gardât trop jalousement l'original, soit qu'il ne voulût pas avouer qu'il le possédait — et de les montrer à plusieurs grands clercs. Ceux-ci n'y entendirent pas plus que lui. Ce qui ne les empêcha pas de l'accabler de conseils.

L'un, Maître Anseaulme, licencié en médecine, se flattant de se connaître à l'alchimie, assura que la première image représentait le Temps qui dévore tout et qu'il fallait l'espace de six ans (puisqu'il y avait six feuillets) pour parfaire la Pierre. Et comme Flamel se préoccupait surtout du premier agent à employer, Maître Anseaulme affirma que cette coction de six ans était comme un second agent, que véritablement le premier agent était peint dans le livre sous la forme de l'eau blanche et pesante, que ce devait être le vif argent. Et Maître Anseaulme dont l'imagination ne tarissait pas enseigna que l'on ne pouvait couper les pieds à ce vif argent, c'est-à-dire le fixer, lui ôter sa volatilité, que par cette longue décoction dans un sang très pur de jeunes enfants.

Flamel « marcha ». Pendant le long espace de vingt-et-un ans il fit mille brouilleries — non toutefois avec le sang, ce qui est méchant et vilain. Cette réserve nous autorise à considérer Flamel comme tout à fait naïf et illettré : « sang d'enfant » dans la cabale juive, ainsi que dans certaine maçonnerie « sang de chevreau », signifie tout simplement « graisse ».

A la longue Flamel conclut que ce mot sang signifiait l'esprit minéral qui est dans les métaux — nous dirions aujourd'hui « l'alcaloïde ». Cela ne l'avança guère. En vain pour s'éclairer il acheta d'autres traités, en vain il brûla dans son athanor tout ce qu'on peut brûler, en vain il se lia avec d'autres souffleurs, étudia le portail de Notre-Dame-de-Paris.

VI

— Eh bien ? ce voyage en Bretagne ?

— Il est remis, mon cher Maître. Le Chanoine a reçu une lettre de son notaire : il y a quelque chose de décroché.

— Il n'hérite plus ?

— Je n'ai pas trop voulu questionner. Le voyage est remis, c'est tout ce que je sais. Et je le regrette profondément, je l'avoue : je me réjouissais de revisiter ce pays.

— Bah ! mon cher Schwaeblé, acceptez de cœur léger ce sacrifice, et offrez-le au Seigneur !

— C'est ça, fichez-vous de moi ! Par-dessus le marché c'est idiot ce que vous dites : admirer les beautés de la création ne constitue pas un plaisir vain mais un hommage à la majesté de Dieu, et je n'ai point à offrir au Seigneur une privation consistant, en somme, à ne pas l'adorer.

— Adoration païenne ! culte de la nature !

— Ne me chantez pas vos origines du Christianisme, et que le culte de Jésus c'est le culte du soleil ! je connais les divers boniments, y compris la croix symbole des bouts de bois qu'on frotte pour obtenir du feu, le Saint-Sacrement en forme du disque du soleil, l'agneau pour l'Agni védique, les Phéniciens pleurant Adonis la Semaine Sainte, le lavement des pieds imité du lavement de la statue de Vénus, l'hostie de l'oscilla des Romains, le chapelet pris aux bouddhistes, les litanies volées aux Chaldéens, le chant *Lauda Sion* tiré de Pindare, les statues d'Isis devenues les madones noires, *vera iconica* changée en Véronique, la fête du palladium de Minerve en Sainte-Palladie et les Saturnales en Saint-Saturnin, la tunique du Christ se trouvant dans une dizaine d'églises à la fois, l'Immaculée-Conception de Marie reproduisant l'immaculée-Conception de Maïa, etc., etc. !

« Parlez-moi plutôt alchimie. J'ai justement besoin de vos lumières : quelles sont dans l'histoire alchimique les pseudo-transmutations qui paraissent les plus sérieuses ?

— Je vais vous en citer quelques-unes, mais pas des pseudo, des véritables.

— Tant mieux !

— Kelley et Jean Dée, en 1585, à Pragues, avec une seule goutte d'une huile rouge changent une livre de mercure en bel or ; Van Helmont père, en 1618, avec un quart de grain d'une poudre que lui donne un inconnu transforme en or huit onces de mercure, c'est-à-dire obtient environ 250 gr. d'or avec un peu moins de 0 gr. 02 de poudre ; Helvétius, en 1666, transmute en or très pur une once et demie de plomb avec un demi-grain de mil d'une poudre que lui donne également un inconnu ; Richthausen, en 1648, devant Ferdinand III, empereur d'Allemagne, opère une transmutation ; Sethon, en 1602, à Bâle, convertit du fer et du plomb en or en présence d'orfèvres ; Michel Sendivogius opère devant l'empereur Rodolphe ; Lascaris, en 1704, devant le conseiller de Wertherbourg, Liebkuech, puis, en 1715, chez le baron de Creuz, puis chez le landgrave de Hesse-Darmstadt... Cela vous suffit-il ?

— Ça fera toujours des noms et des dates pour mon livre.

— Mais puisqu'il vous faut des transmutations pourquoi n'allez-vous pas voir Tiffereau ?

— Tiffereau ?

— Un alchimiste contemporain ! il fait de l'or, plutôt il en a fait : car il en a obtenu une fois, et n'a jamais pu renouveler l'exploit. Allez le voir, il vous racontera son histoire et vous exhibera son fameux lingot d'or.

— Où habite-t-il ?

— A Grenelle. Vous n'avez qu'à le prévenir de votre visite, il sera enchanté de tenir un auditeur.

En effet Tiffereau répondit par courrier qu'il restait chez lui chaque après-midi, et qu'il s'estimerait heureux et flatté... etc.

Il habitait au cinquième étage un minuscule logis composé de deux minuscules pièces dont l'une aménagée en un minuscule laboratoire. Tiffereau, minuscule vieillard, maniait minutieusement de minuscules choses entre autres une minuscule boîte vitrée.

Cette boîte contenait son or — un minuscule bouton d'or.

— De l'or, expliquait-il, que j'ai obtenu au Mexique. J'avais mélangé plusieurs produits : un jour j'ai trouvé cet or dans l'un de mes tubes.

— Mais qu'aviez-vous mis dans ce tube ?

— Une pièce d'argent avec un peu d'acide nitrique.

— Comment expliquez-vous la transmutation ?

— D'une façon bien simple : dans les contrées du Mexique que j'habitais le minerai d'or est assez commun, et les ferments aurifères...

— Vous dites ?

— Sans doute ! des ferments minéraux, des ferments d'or ! L'un de ces ferments a dû s'introduire dans le tube contenant l'argent ouvert par l'acide, la solution a fermenté, et l'or s'est formé.

— Vous n'avez pas pu en obtenir plus que cela ?

— Non. Tous mes efforts sont demeurés stériles. Apparemment les conditions climatériques, atmosphériques, électriques, que sais-je ? ne se prêtèrent plus à l'expérience.

— Etes-vous bien sûr que c'est de l'or que vous avez obtenu ?

— Certes ! je l'ai fait analyser par des chimistes officiels. Et c'est bien de l'or artificiellement fabriqué et non de l'or naturel : il possède certaines qualités que l'or ne possède pas.

— Alors ce n'est pas de l'or !

— C'est de l'or meilleur que l'or vulgaire.

— Du platine?

— Pas encore.

— Que faites-vous actuellement?

— Je cherche quelqu'un qui me prêterait une centaine de mille francs dont j'ai besoin pour retourner au Mexique et y poursuivre mes expériences.

En rentrant chez lui Schwaeblé trouva le Chanoine, lui raconta sa visite, et ajouta :

— Vous tombez à merveille : j'ai entamé Flamel pèlerin, vous allez me dire si je n'ai pas commis trop d'hérésies.

— Ah ! ah ! votre œuvre avance !

— Oui, j'arrive à la partie capitale, au moment où notre héros touche au but.

— Eh bien ! voyons, je vous écoute.

— Je lis :

Ayant perdu l'espérance de jamais comprendre de lui-même les figures, Flamel fit vœu à Dieu et à Monsieur Saint-Jacques de Gallice de se rendre en Espagne pour qu'ils missent sur son chemin quelque sacerdot juif capable de lui en fournir l'interprétation. (Les juifs étaient alors fort nombreux en Espagne, et leur science renommée).

Et, avec le consentement de Perrenelle, portant sur lui la copie des fameuses figures, ayant pris l'habit et le bourdon, il partit pour Saint-Jacques de Compostelle en Galicie (aujourd'hui Santiago).

A cette époque Saint-Jacques de Compostelle passait pour le pèlerinage le plus efficace. Il partageait d'ailleurs cette faveur avec Rocamadour...

— Connaissez-vous Rocamadour? Je m'excuse de vous interrompre, mais le nom seul de ce pays me ravit : j'y ai fait une retraite il y a quelques années, et je conserve un émouvant souvenir de ces maisons escaladant la falaise à pic, se bousculant, grimpant les unes sur les autres, en désordre, à l'assaut du château-fort; de cette gigantesque silhouette moyen-âgeuse se découpant finement sur le ciel ; de la rue unique prise entre l'eau et le rocher, large assez pour une voiture, encombrée quand passe l'âne auvergnat encadré de ses bâts, dominée par des pierres, avec des éclaircies sur les sinuosités du ruisseau qui coule paisiblement dans le fond obscur de la vallée.

— Je connais Rocamadour, et je partage votre enthousiasme. Le rocher qui surplombe le haut mur vertical de l'église et le fouillis du vieux village étonne par son audace : Gustave Doré n'eut pas rêvé mieux. Il est impossible de poser avec plus de hardiesse un paysage. C'est la nature qui paraît ordonnée avec les courbes régulières de la vallée, et c'est l'architecture qui paraît désordonnée avec ces masures enchevêtrées, flanquées dans la roche comme des nids en un vertigineux hasard.

« Mais revenons à Flamel.

« Il dut orner son chapeau de la sportelle laquelle servait de sauf-conduit au pèlerin, lui conférant l'hospitalité partout où il passait, lui permettant de traverser les lignes des armées combattantes, le protégeant même contre les pillards des grands chemins, car à cette époque les voleurs respectaient Dieu...

— Sinon ses préceptes !

— La sportelle pour Saint-Jacques de Compostelle consistait en une coquille de Saint-Jacques.

— Et la sportelle pour Rocamadour consistait en une image de Notre-Dame gravée sur plomb.

— A la vérité la route offrait au pèlerin moins de fatigues et de privations qu'on pourrait le croire : des hôtelleries gratuites se dressaient en maints endroits à son intention.

— Je vous interromps encore ! Les pèlerins allant à Rocamadour rencontraient : du côté de Cahors le Bastit ; du côté du Limousin les Alis, l'hôpital de Fieux, l'hôpital de la Vraie-Croix, l'hôpital Saint-Jean.

— Enfin, Flamel arriva tant bien que mal à Montjoye, puis à Saint-Jacques où avec une grande dévotion il accomplit son vœu.

Cela fait, revenant sur ses pas, dans Léon il rencontra un marchand de Boulogne qui le présenta à un vieux juif de nation, mais devenu chrétien, demeurant audit Léon, du nom de Maître Canches.

C'était un homme fort savant en sciences sublimes que Maître Canches.

Quand Flamel lui eût montré les figures il fut ravi d'étonnement et de joie, demandant incontinent s'il pouvait lui donner des nouvelles du livre dont elles étaient tirées. L'autre lui répondit qu'il lui en donnerait à condition qu'il lui fournît l'interprétation des énigmes. Sur-le-champ Maître Canches de commencer à les déchiffrer, transporté à l'idée de savoir ce qu'était devenu le fameux livre d'Abraham que les siens, après de longues recherches, croyaient entièrement perdu.

Lors, le cabaliste décida d'accompagner Flamel afin de contempler le précieux manuscrit. Nos pèlerins passèrent à Oviedo, de là à Sanson où ils s'embarquèrent pour la France.

Jusque-là le voyage s'était bien passé, Maître Canches avait interprété la plupart des figures, trouvant — à l'ébahissement de Flamel — de grands mystères jusque dans les points. Malheureusement la traversée fut pénible. Le savant s'en ressentit, tant qu'à Orléans il tomba extrêmement malade, affligé de grands vomissements. Le pauvre se désespérait, craignant que son compagnon l'abandonnât, le suppliant de demeurer près de lui, l'appelant incessamment.

Maître Canches mourut sur la fin du septième jour de sa maladie, ce dont s'attrista fort Flamel qui le fit enterrer de son mieux en l'église Sainte-Croix à Orléans. Que Dieu ait sont âme ! car il mourut, paraît-il, en bon chrétien.

Flamel, seul, reprit la route de Paris, et retrouva sa Perrenelle en excellente santé, qui n'avait cessé d'invoquer Monsieur Saint-Jean. On juge de la joie des époux.

Ils se remirent au travail, et bientôt connurent les

agents à employer. C'était le premier pas. Restait trouver leur préparation — qui est une des choses les plus difficiles du monde.

Enfin, au bout de trois nouvelles années de travail acharné, de tâtonnements, de prières chapelet en main, de lectures, de réflexion, Flamel trouva ce qu'il désirait tant. La première fois qu'il fit la projection ce fut sur du mercure dont il convertit une demi-livre en argent meilleur que celui de la minière (c'est-à-dire de l'argent à un nombre de carats supérieur à celui de l'argent naturel) : cette merveilleuse opération s'effectua en présence de Perrenelle, à midi, le lundi 17 janvier 1382.

Suivant toujours les indications du fameux livre, Flamel fit une autre projection à cinq heures du soir, le 25 avril de la même année : cette fois, ce fut en or meilleur que l'or ordinaire, plus doux, plus maniable qu'il changea la même quantité de mercure.

Il fit par trois fois la transmutation en présence de Perrenelle, qui, d'ailleurs, l'entendait aussi bien que lui, et qui, sans aucun doute, l'eût parfaitement effectuée toute seule.

Cela lui avait coûté vingt-quatre années de travail.

— Comme ce M. Tiffereau dont vous me parliez tout à l'heure, remarqua le Chanoine, Flamel obtient de l'or meilleur que l'or ordinaire ; on ne peut ainsi accuser nos alchimistes d'avoir introduit de l'or dans leurs cornues ou de se laisser duper par de mauvais plaisants.

— Remarquez en outre que Flamel écrit avoir opéré le lundi 17 janvier 1382 : or le 17 janvier 1382 était un vendredi.

— Sa mémoire a pu le trahir.

— L'on conçoit aisément la joie de notre alchimiste. Quelque chose, cependant, l'empêchait de s'étaler pleinement : il redoutait que Perrenelle ne pût retenir sa langue, qu'elle en lâchât quelques paroles imprudentes. L'extrême bonheur ôte le sens — comme l'extrême tristesse. Et nous avons dit qu'à cette époque l'on pendait ou brûlait assez facilement les alchimistes... Dieu, heureusement, dans sa bonté avait donné à Flamel une femme non seulement chaste et sage, mais aussi discrète et secrète.

— Il faut reconnaître que notre homme était singulièrement bien partagé !

— Cela nous donne de nouveau raison : Flamel ne méprisait pas l'or, mais il redoutait la prison ou la mort. La crainte est le commencement de la sagesse.

« En tous cas Flamel ne se montra pas ingrat : voici la prière qu'il adresse à Dieu et qu'on trouve en tête de son *Livre des figures* :

« Loué soit éternellement le Seigneur mon Dieu qui élève l'humble de la basse poudrière et fait réjouir le cœur de ceux qui espèrent en lui, qui ouvre aux croyants avec grâce les sources de sa bénignité et met sous leurs pieds les cercles mondains de toutes les félicités terriennes. En lui soit toujours notre espérance, en sa crainte notre félicité, en sa miséricorde la gloire de la réparation de notre nature et en la prière notre sûreté inébranlable. Et toi, ô Dieu tout-puissant, comme ta bénignité a daigné ouvrir en la terre devant moi, ton indigne serf, tous les trésors des richesses du monde, qu'il plaise à Ta grande clémence, lorsque je ne serai plus au nombre des vivants, de m'ouvrir encore les trésors des cieux, et me laisser contempler ton divin visage, dont la Majesté est un délice inénarrable, et dont le ravissement n'est jamais monté au cœur d'homme vivant. Je te le demande par le Seigneur Jésus-Christ ton fils bien aimé qui en l'unité du Saint-Esprit vit avec toi au siècle des siècles. Ainsi soit-il ».

VII

40 degrés de chaleur! Le Chanoine s'épongeait, Schwaeblé avait enlevé sa veste, son faux-col, sa cravate, et Jobert continuait d'attiser son fourneau! Et dehors il y avait 10 degrés de froid! 50 degrés de différence.

Ils étouffaient, ils soufflaient, s'éventant avec des journaux, se levant, se rasseyant, suffoquant, parlant par monosyllabes, bâillant, se regardant en hochant la tête, s'interrogeant du regard, sur le point de partir, retenus par la curiosité. Et finalement s'engourdissant dans cette fournaise, ils écoutaient machinalement les explications de l'alchimiste qui les avait conviés à une transmutation de plomb en argent:

— D'une lamelle de plomb apportée par l'un de vous j'ai pris un gramme, un gramme soigneusement pesé devant vous, et ce gramme je l'ai placé, toujours devant vous, dans un creuset également apporté par l'un de vous; sur le plomb j'ai versé 5 centigrammes — pesés par vous — de ma poudre de projection, et j'ai mis le creuset dans mon fourneau. En ce moment le plomb fondu fermente sous l'action de la poudre, et bientôt ayant perdu une partie de son hydrogène il aura augmenté sa densité et sa couleur, il donnera de l'argent.

— Y en a-t-il pour longtemps encore?

— Quelques minutes de patience. Vous avez constaté que je ne triche pas, que je ne truque pas comme les spirites...

— Attention, M. le Chanoine ! Jobert prépare pour nous divertir une attaque contre le spiritisme !

— Ce n'est pas moi qui défendrai cette bizarre religion qui prétend prouver expérimentalement la foi !

— La voilà bien l'alliance de la science et de la religion !

— Mais où serait le mérite de croire en une chose évidente ?

— Aussi le spiritisme ne prouve-t-il que bien imparfaitement l'existence des esprits, et leurs avatars successifs.....

— En somme pour les spirites les apparitions, les voix, la résurrection deviennent des phénomènes rationnels, naturels, ordinaires, courants. Les spirites ont tout expliqué en disant : « Ce n'est pas un miracle, c'est une matérialisation ! » Ils jugent le miracle déraisonnable, mais parfaitement raisonnables la dématérialisation et la rematérialisation par lesquelles un individu vivant passerait à travers un mur !

— Le spiritisme est une religion sans prêtres, con-[illegible] Jobert.

— Et les médiums, qu'en faites-vous ? ne sont-ils pas [illegible] prêtres, ne sont-ils pas les intermédiaires entre les spirites et les esprits-dieux ? Vous-même l'avouez : le spiritisme est une religion et non une science, malgré ses pseudo-expériences dans l'obscurité et entre seuls adeptes. Religion simplette, à la portée des concierges, sans théologie, sans tradition.

— Fille de la nécromancie...

— Pardon ! la nécromancie n'admit jamais la métempsycose, elle se contentait de proclamer l'immortalité de l'âme et d'évoquer les morts. Je ne m'explique pas, d'ailleurs, comment une âme plus ou moins évoluée, plus ou moins cultivée arrive nue, ignare dans le corps de l'enfant.

— Pardon, elle apporte avec elle les instincts, les prédispositions, ce que l'on appelle les dons de la nature.

— Et quand l'âme — toujours cultivée, toujours évoluée — laisse tomber le vieillard en enfance ?

— C'est pour le punir.

— Et quand l'esprit qui anime un corps vivant sur une autre planète descend sur cette terre et nous visite que devient là-haut ou là-bas ce corps sans âme ?

— Il a ce que nous nommons un moment d'oubli, de distraction.

— Et allez donc ! s'exclama le Chanoine en riant, ce n'est pas plus difficile que cela ! Ah ! on ne peut reprocher à cette religion d'être obscure ou complexe ! Et quand l'enfant meurt en bas âge ?

— Il y aurait maldonne, l'âme se serait trompée de corps, on l'aurait aiguillée dans une mauvaise direction.

— Jobert, je vous en prie, entr'ouvrez la porte, la chaleur est intenable.

Jobert entr'ouvrit la porte. Un courant d'air glaça les jambes.

— En somme, continua le Chanoine en croisant les pans de sa soutane, avec le spiritisme Dieu n'a plus qu'à se reposer, et laisser les esprits aller et venir, faire et défaire, démolir et construire. Son rôle se réduit à celui d'un figurant, c'est tout juste si Dieu n'est pas le serviteur des esprits !

— Les spirites repoussent le matérialisme et le positivisme, et ils font tomber l'âme sous le contrôle des sens, ils la matérialisent, ils la voient, ils l'entendent, ils la touchent ! Quelle salade !

— On pourrait à la rigueur, dit Schwaeblé, admettre trois éléments, trois principes : la forme, l'esprit et la sensibilité. Le premier, la forme, contenu en puissance dans le germe, sensoriel et essentiellement personnel, individuel : il est indépendant des deux autres, car la morphine, la cocaïne, le chloroforme qui atteignent la sensibilité ne l'atteignent pas, et la folie, le sommeil, l'ivresse qui atteignent l'esprit ne l'atteignent pas non plus. Le second, l'esprit, est indépendant de la sensibilité, car la cocaïne, la morphine qui atteignent partiellement ou totalement la sensibilité n'atteignent pas l'esprit. Le troisième, la sensibilité, passage du pondérable à l'impondérable et de l'impondérable au pondérable, m'embarrasserait plus : voisin des effluves chers aux magnétiseurs, emporte-t-il la forme dans les rêves ?

— Dans les rêves, répondit Jobert, n'est-ce pas plutôt l'esprit qui emporte la forme, comme il l'emporte dans l'extase, les phénomènes mystiques, l'extériorisation, le dédoublement...

— Vous voulez encore nous faire marcher ! vous nous ramenez à la théorie spirite !

— Je vous avouerai, affirma le Chanoine, que je crois qu'au jugement dernier les morts ressusciteront en chair et en os comme en esprit, tandis que je juge fou de penser qu'un médium pour traverser un mur se dématérialise et rematérialise !

— Les spirites prennent tout à la lettre, tels des enfants.

— Je vous concède, dit Jobert, que l'âme est immortelle en tant que souvenir, c'est-à-dire qu'un mort continue de vivre dans l'esprit de ceux qui l'ont aimé ou qui l'admirent, qu'un artiste défunt inspire ceux qui l'évoquent, que sa mémoire se confond avec son école, avec son génie, avec son genre, avec son âme. Cette âme évolue grâce à ses élèves, à ses continuateurs qui la développent, la perfectionnent, grâce à eux elle ne meurt pas, elle est immortelle, grâce à eux elle se dédouble, elle se multiplie, elle se montre en plusieurs endroits à la fois.

— Le spiritisme ainsi compris gagnerait évidemment ! mais les badauds n'y trouveraient plus leur compte : plus de tables tournant, plus de chapeaux dansant, plus de fantômes !

Cependant l'alchimiste ôtant le couvercle d'une fenêtre du fourneau recevait en pleine figure un jet de lumière éclatante au milieu de laquelle son nez rubicondait. Enfin il prononça :

— L'opération est terminée. Je retire le creuset, et je le pose sur ce marbre pour qu'il refroidisse. Dans quelques minutes vous pourrez partir.

Tous trois se penchèrent sur le creuset et contemplèrent le métal incandescent, éblouissant d'une mystérieuse et profonde clarté, encore agité d'une sorte de tourbillonnement.

— Alors, c'est de l'argent ? demanda le Chanoine.

— Ah ! ne confondons pas ! ce n'est pas tout argent ! j'ai mis dans ce creuset un gramme de plomb et cinq centigrammes d'une poudre. A la vérité on trouvera un bouton pesant moins de un gramme et cinq centigrammes : un peu du métal s'est envolé en fumée. Mais si dans le bouton l'analyse décèle plus de cinq centigrammes d'argent j'aurai gagné !

— Dites donc, Jobert, en attendant que nous puissions emporter votre produit passez-moi un tire-bouchon, je vais déboucher la fiole de cognac que M. le Chanoine a apportée, vous ferez chauffer de l'eau, et nous confectionnerons des grogs qui nous permettront de supporter le froid en sortant.

— Cognac qui, je le crains, représente tout mon fameux héritage de Bretagne.

— Grâce au sucre nos consommations seront triunes : eau, cognac, sucre ! Telle la Pierre philosophale tri-une en Soufre, Mercure et Sel philosophiques ; tel Dieu tri-un en Père, Fils et Saint-Esprit.

Sur l'athanor l'eau bouillonna bientôt. Avec ses minutieuses précautions d'alchimiste à faible dose Jobert confectionna les boissons : on eût dit qu'il distillait des perles fines. Distillation d'ailleurs généreuse, car il versa moitié eau moitié alcool !

Le Chanoine en fit la grimace, néanmoins il avala. Puis il se pencha vers le creuset, l'approcha prudemment, avançant et retirant la main, déclarant à la fin :

— Il est froid, on peut le saisir.

— Prenez-le donc. Oh ! ça ne risque rien, si le creuset se casse le lingot de métal ne bougera pas. Vous n'avez qu'à le mettre dans votre poche tel quel.

— Je le mets donc dans ma poche tel quel. Dès demain matin il sera à l'analyse. Sur ce j'enfile ma douillette, et en route ! Nous allons marcher bon pas pour ne pas attraper une congestion !

VIII

Flamel était un monsieur pratique...

Il épouse une femme deux fois veuve, plus âgée que lui. Celle-ci, méfiante, impose le régime dotal.

Le 7 avril 1372 et le 10 septembre 1386, Flamel obtient qu'elle mette ses biens en commun « ... Et oultre ce, vouldrent, ordenerent et accorderent les dicts mariés, l'un à l'autre, que le dict seurvivant dernier mourant puisse donner, ausmoner et distribuer, sain ou infirme, par son testament ou autrement en son vivant comme il lui plaira, toute la partie et portion dudit premier mourant, de tous les dits biens meubles et congués immeubles à telles personnes, Religieux, Eglises, povres et misérables personnes, conjointement ou en à part, ou convertir à faire célébrer messes ou autres ausmones pieuses comme bon semblera au audit survivant et en sa conscience seulement ».

Flamel pouvait, maintenant, dormir tranquille.

La découverte de la Pierre philosophale accrut singulièrement cette tranquillité.

Mais il fallait, nous l'avons dit, une couverture.

Aussi le couple se mit-il à donner ostensiblement aux bonnes œuvres. Il fonda et fit vivre quatorze hôpitaux à Paris, bâtit tout de neuf trois chapelles, décora de grands dons et bonnes rentes sept églises avec plusieurs réparations en leurs cimetières — outre ce qu'il avait fait à Boulogne et qui n'est guère moins.

Puis, Flamel résolut de faire peindre en la quatrième arche du cimetière des Innocents, entrant par la grande porte de la rue Saint-Denis, et prenant à main droite, les plus essentielles marques de l'Art, sous néanmoins des voiles et couvertures hiéroglyphiques à l'imitation de celles du livre du juif Abraham. Ces peintures représentaient deux choses à la fois : premièrement, les mystères de notre résurrection future et indubitable, au jour du Jugement et Avènement de Jésus ; deuxièmement, les principales opérations du magistère hermétique.

Ces figures devaient servir comme de deux chemins pour mener à la vie céleste, le premier chemin plus ouvert, enseignant les sacrés mystères de notre salut, l'autre enseignant à tout homme se connaissant un peu à l'alchimie le moyen de parfaire la Pierre. Cette Pierre, outre qu'elle change les métaux vils en métaux précieux, change l'homme mauvais en bon, lui ôte la racine de tout péché (qui est l'avarice), le faisant libéral, doux, pie, religieux, et craignant Dieu quelque mauvais qu'il fût auparavant, car dorénavant il demeure toujours ravi de la grande grâce et miséricorde qu'il en a obtenue et de la profondeur de ses œuvres admirables.

Nous reparlerons de ces figures.

Revenons aux libéralités de Flamel.

Il avait fait élever une arcade sur la façade du Charnier des Saints-Innocents qui approchait la rue de la Lingerie. Et sur cette arcade il avait fait peindre un homme tout noir tenant un rouleau avec ces mots écrits : « Je vois merveille dont moult je m'esbahis. » Bien entendu le tout portait les initiales N. F. En outre on y lisait des vers dont l'on n'a retrouvé que ceci :

Hélas mourir convient
Sans remède homme et femme.
... nous en souvienne
Hélas mourir convient
    Le corps...
Demain peut-être damné.
    A faute...
Mourir convient
Sans remède homme et femme.

Flamel fit élever le petit portail de Saint-Jacques la Boucherie situé vis-à-vis de la rue de Marivaux, en face de sa propre maison. Il s'y fit représenter avec Perrenelle. La Vierge est entre eux, l'apôtre saint Jacques à côté de Flamel, et saint Jean-Baptiste à côté de Perrenelle. D'un côté cette inscription : « *Ave Maria* soit dit à l'entrée », de l'autre celle-ci : « La Vierge Marie soit cy saluée. »

« Au jambage occidental du portail, dit l'abbé Villain dans son *Essai d'une histoire de la paroisse Saint-Jacques de la Boucherie*, on voit un petit ange en sculpture qui tient en ses mains un cercle de pierre, Flamel y avait fait enclaver un rond de marbre noir, avec un filet d'or fin en forme de croix, que les personnes pieuses baisaient en entrant dans l'église. Je tiens ce petit fait d'un ecclésiastique mort fort âgé, né sur la paroisse qui avait baisé cette croix étant tout jeune. »

Flamel fit aussi travailler aux églises Saint-Cosme et Saint-Martin-des-Champs, et, bien entendu, y fit encore ériger sa statue.

Puis, il donna à Saint-Jacques-la-Boucherie un tableau de Notre-Seigneur pour mettre sur le grand autel les jours de fête, et un dyptique représentant la Passion et la Résurrection. Il favorisa particulièrement dans cette église la chapelle de Saint-Clément, l'ornant de boiseries et sculptures, lui donnant un calixte avec la patène d'argent doré, et un vêtement de drap de soie noire doublé d'azur avec, toujours, les initiales N. F.

... Ici, il nous faut laisser éclater les scènes de famille.

Isabelle, la sœur de Perrenelle, vit d'un assez mauvais œil — on le comprend aisément — le don mutuel qui mettait en commun les biens des deux époux. Isabelle et ses fils représentèrent à Perrenelle qu'elle était plus âgée que son mari, que si elle mourait avant lui — et c'était dans l'ordre des choses — elle les laisserait dans la misère, que Flamel n'était qu'un intrigant, et patati et patata. Bref, ils la décidèrent à faire un testament les avantageant sérieusement.

L'alchimiste veillait. Ses beaux-parents tranquillisés,

il s'empresse de faire faire à sa femme un autre testament par lequel elle ne laisse plus à sa sœur Isabelle que 300 livres tournois une fois payées.

Il était temps : Perrenelle mourut sept jours après, le 11 septembre 1397 !

Le veuf la fit enterrer au Cimetière des Innocents, il éleva sur sa tombe une pyramide avec ces vers :

Les povres âmes trépassées
Qui de leurs oirs sont oubliées
Requièrent des passants par cy
Qu'ils prient Dieu que mercy
Veuille avoir d'elles et leur fasse
Pardon et à vous doint sa grâce.

L'église et les lieux de céans
Sont à Paris bien moult séans
Car toute povre créature
Y est reçeue à sépulture
Et qui bien y sera soit mis
En Paradis, et ses amis.

Qui céans vient dévotement
Tous les lundis ou autrement
Et de son pouvoir y fait dons
Indulgence et pardon
Ecrits céans en plusieurs tables
Moult nécessaires et profitables.

Nul ne sçait que tels pardons vaillent
Qui durent quand d'autres bons faillent.
De mon paradis pour mes bons amis
Descendu jadis pour estre en croix mis.

Donnons quelques extraits du testament de Perrenelle selon l'abbé Villain :

« ... Item elle voult et ordena son luminaire estre fait le jour de son obsèque de trente-deux livres de cire. Item ; elle voult et ordena quatre livres seize sols parisis estre donnés et convertis au prouffit du disner qui sera fait le jour de son obsèque... Item : elle voult et ordena le jour de son trespassement la somme de huit livres tournois estre donnée et aumosnée pour Dieu à plusieurs povres gens par les dis exécuteurs... Item voult et ordena un voyage estre fait une fois par un homme, pélerin de pied, à Nostre-Dame de Boulogne-sur-la-Mer ; auquel pélerin pour ce faire elle voult quatre livres tournois estre baillées et payées par les dicts exécuteurs, lequel pélerin fera chanter et dire en l'église Nostre-Dame au dict lieu deux messes, c'est assavoir l'une du Saint-Esprit, et l'autre de Nostre-Dame, et offrira un cierge de cire pesant douze livres et si payera pour chacune messe deux sols parisis... Item. A Martin qui a accoustumé de donner l'eaue benoiste en l'église Saint-Jacques cinq sols tournois... A Jehannette la Paquote une cote merveille de marbre et un chapperon, que elle mestoit chascun jour... Item. Cinq siens coursés fourrés de blanc à cinq povres personnes... Item à Jehannette Lalarge son meilleur chapperon... Item à Jehannette la Flaminge, chandellière de cire, vendent à Saint-Jacques, son autre chapperon de violet... A Mengin jeune clerc, son varlet, elle donne une livre, cinq sols tournois, et à Gautier son autre varlet une livre tournois... »

A la mort de sa femme Flamel pleura abondamment.

Qu'on nous permette de reproduire ici une phrase d'Albert Poisson déjà nommé : « Il est à croire que Flamel aurait suivi de près Perenelle si de nombreuses affaires ne l'avaient empêché de se livrer tout entier à son chagrin ! ! ! » En bon français cela veut dire que Flamel préférait l'argent à sa femme. Il voulait bien pleurer celle-ci, mais prétendait jouir — et le plus longtemps possible — de la fortune qu'elle lui avait laissée !

Hélas ! il n'en devait pas jouir tranquillement... Isabelle et les siens, en apprenant qu'ils étaient déshérités, s'emportèrent fort. Ils commencèrent par faire saisir la succession par un huissier du Parlement. Flamel de riposter en portant l'affaire devant le Parlement, le Châtelet, les Requêtes du Palais. Le brave homme avait oublié la charité chrétienne et que ses beaux-parents étaient pauvres. Albert Poisson s'écrie : « Dignes parents ! il y avait à peine huit jours que Perenelle était morte ! Si l'on juge de leur caractère par ce trait on comprend parfaitement que Flamel, malgré la douceur de son caractère, ait été entraîné à une série de procès. » Il est évident que les parents de Perenelle entament un procès huit jours après sa mort ; mais il est évident aussi que Flamel lui fait changer son testament huit jours avant sa mort...

... Schwaeblé achevait d'écrire ces lignes lorsqu'on sonna à sa porte : c'était le Chanoine.

Tout de suite celui-ci annonça :

— Je viens vous apporter les résultats officiels de l'expérience de M. Jobert.

— Ah ! ah ! eh bien ?

— Hum... hum... Le chimiste qui a analysé le fameux lingot ne se prononce pas très nettement : les quantités sont, paraît-il, trop faibles pour qu'on puisse affirmer quelque chose. Néanmoins il a trouvé cinq centigrammes et une fraction d'argent, ce qui semblerait indiquer transmutation, plutôt commencement de transmutation.

— Cette fraction constituerait en somme l'unique bénéfice appréciable, car l'on peut accuser Jobert d'avoir mis cinq centigrammes d'argent dans le creuset.

— Evidemment. D'où une nouvelle hérésie : la transmutation article de foi, mais son prêtre Jobert faillible et sujet à caution !

— J'ai toujours pensé qu'il était à la fois bluffeur et sincère. Mentalité commune, je crois, à beaucoup d'alchimistes, par exemple à Tiffereau dont je vous ai parlé. Ces gens à force de rêver à la transmutation finissent par se persuader qu'ils la tiennent, et comme ce beau secret les étouffe et que leur orgueil se plaît à épater la galerie ils expérimentent en public, et dame...

— Qui veut trop prouver ne prouve rien ! Nous parlions d'hérésie tout à l'heure ; connaissez-vous les stercoranistes ?

— Ma foi non.

— Ces gens vous donneront une idée de l'imbécillité dans laquelle peuvent tomber les ergoteurs : les stercoranistes soutenaient que lors de la communion le corps de Jésus-Christ s'étant substitué à la matière de l'hostie était sujet à la digestion et à ses suites comme tout aliment ! J'avoue que les Pères qui se sont donné la peine de leur répondre qu'à la première altération éprouvée par les espèces eucharistiques dans l'estomac la présence substantielle de Jésus-Christ s'évanouissait me paraissent avoir eu du temps à perdre.

— Convenons que malheureusement les Conciles se sont souvent attachés à de telles pusillanimités avec lesquelles l'Eglise n'a rien à gagner ; elle devrait planer au-dessus de ces bêtises. Au lieu de les dédaigner elle les a trop fréquemment livrées à la publicité et à la curiosité, pour le plus grand étonnement de leurs auteurs eux-mêmes qui n'escomptaient pas tant d'honneur. J'ajouterai qu'elle devrait également négliger d'autres enseignements, au moins lorsqu'elle s'adresse aux enfants : ma fille qui a sept ans m'a demandé, l'autre jour, pourquoi Jésus-Christ n'étant point soumis à la loi de la circoncision avait été circoncis ! Avouez que le catéchisme et ceux qui le répandent agiraient proprement en omettant ces balivernes d'un goût douteux.

« Mais la conversation a dévié : nous en étions à Jobert et aux transmutations...

— L'alchimie, une hérésie en somme. Que dis-je? une double hérésie : *primo :* elle prétend créer la vie, elle se fait Dieu ; *secundo :* elle prétend créer la matière, et elle se fait encore Dieu.

— Pas tout à fait : elle prétend bien — quoi qu'en disent les alchimistes — animer la matière, mais si elle remonte à l'unité de matière, à l'atome d'hydrogène qui serait le seul indécomposable, elle ne prétend pas le créer.

— Vous parlez pour les alchimistes du Moyen-Age. Mais nos alchimistes contemporains ne vont-ils pas plus loin, ne nous racontent-ils pas que l'atome d'hydrogène n'est lui-même que de l'énergie en mouvement, de l'énergie colloïdale ? Nous avons déjà discuté là-dessus.

« Tout cela c'est vouloir arracher le monopole de la vie à Dieu...

— Au Saint-Esprit !

— Autre hérésie ! Les savants, Pasteur...

— Attention, M. le Chanoine, vous tombez dans la génération spontanée !

— Pourquoi pas ?

— Quel dommage que Jobert ne soit pas là !

— Tenez ! quand on parle du loup...

Trois coups secs, le signal de Jobert, retentissaient en effet dans l'antichambre, et bientôt l'alchimiste, le nez flamboyant, les yeux brillant, tendait la main.

— Ah ! vous voilà ! sacré fumiste ! Vous savez, dans votre fameux lingot le chimiste qui l'a analysé a péniblement trouvé cinq centigrammes d'argent.

— M. Schwaeblé exagère : le chimiste a trouvé cinq centigrammes d'argent et une fraction.

— Ce chimiste est un âne : les sulfures d'argent et de plomb sont insolubles dans les sulfures alcalins, et votre homme a dû employer la mauvaise méthode.

— Il fallait nous prévenir : M. le Chanoine l'eût prié d'employer la bonne !

— En tout cas puisqu'il y a cinq centigrammes d'argent et une fraction c'est que j'ai transmuté une fraction de plomb.

— J'étais sûr que vous retomberiez sur vos deux pieds. Et pour vous contenter nous vous autorisons à nous dire votre opinion sur Pasteur.

— Un pauvre en esprit ou un fourbe !

Le Chanoine ne put retenir un geste d'étonnement.

— Mais oui ! Voyons son expérience fondamentale : un ballon contenant une infusion organique, le col du ballon effilé — l'extrémité restant ouverte, — le liquide porté à l'ébullition et refroidi : le liquide demeure inaltéré. Naturellement ! où il n'y a rien... L'ébullition détruit la vie dans l'air et dans le liquide du ballon. Et chacun sait que par un orifice capillaire un germe ne pénètre pas.

« Dans toutes ses expériences Pasteur commence par détruire la vie ou ses conditions nécessaires. Pasteur ne fût point né, n'eût point vécu dans une atmosphère à 100°, calcinée ou privée d'oxygène !

Là Jobert fit une pause : il sortit sa tabatière, l'ouvrit, prit une pincée de tabac qu'il se fourra dans le nez, le frotta avec le dos de sa main, huma voluptueusement, et continua :

— La formule de Pasteur est en somme celle-ci : Le germe de n'importe quoi se trouve n'importe où. Selon Pasteur l'espace est criblé de germes-nés on ne sait comment : autant de générations spontanées alors !

— Pardon ! créés par Dieu.

— L'exquis brouillard que notre atmosphère si elle contenait assez de germes pour féconder toutes les infusions organiques ! Songez qu'un germe constitue une cellule d'un diamètre parfaitement appréciable au microscope !

« Mais le savant anglais Charles Bastian, ouvrant des tubes contenant des solutions salines préalablement stérilisées et hermétiquement fermés depuis plusieurs mois, a trouvé des organismes vivants, des germes cryptogamiques. D'où venaient ces germes ? comment étaient-ils nés ? Certains parasites végétaux se développent sous l'épiderme des plantes : d'où proviendraient les semences de ces entophytes qui apparaissent même chez des végétaux dépourvus de stomates ? Des champignons microscopiques naissent et vivent dans les citrons.

« Je me refuse à croire qu'un milligramme cube d'air contient les germes, les ferments de tous les végétaux, de tous les animaux, et que n'importe quelle substance organique, placée n'importe où dans les conditions de chaleur et d'humidité voulues, reçoit aussitôt sa moisissure, son microbe attitré. N'est-il pas plus simple, plus logique d'avancer que la vie s'adapte au milieu qu'elle rencontre, que cette vie traîne dans l'air, que le milieu originel est le milieu nutritif et vice-versa? Disons, si vous voulez, que l'atmosphère est remplie de larves, principes de vie inconscients qui selon le moule et les conditions qu'ils rencontrent prennent telle ou telle forme.

« Pasteur était atteint de la microbomanie, il voyait des microbes partout, c'est l'auteur de la plus grande hérésie scientifique et religieuse !

— Pasteur auteur d'une hérésie religieuse?

— Parfaitement : il soumet le libre-arbitre humain aux microbes ! Selon lui les microbes déterminent les maladies physiques et morales, c'est du plus pur matérialisme, l'homme n'est plus maître de lui, il dépend des microbes, du microbe de la typhoïde, du microbe de la tuberculose, du microbe de la conjonctivite, du microbe du choléra, comme du microbe de la colère, du microbe de l'avarice, du microbe de l'amour ! De même que l'homme le plus sain attrape le tétanos avec le microbe du tétanos, de même l'homme le plus sage, le plus calme devient fou, sadique avec le microbe de la folie, avec le microbe du sadisme !

— Voilà Pasteur jugé sous un nouveau jour !

— Bah ! M. le Chanoine, il vous reste une ressource : puisque Jobert nous oblige à croire que ce sont les microbes qui déterminent nos actes croyons aussi que tel ou tel microbe ne nous attaque que sur l'ordre de Dieu, et qu'en fin de compte c'est Dieu qui détermine ainsi nos actes.

— Et Pasteur ainsi sera lavé du péché d'hérésie.

IX

Ces procès terminés, Flamel cherche une autre occupation.

Il travaille à son livre des figures hiéroglyphiques. Il le compose, l'écrit, l'enlumine.

Hélas ! Charles VI avait appris que notre homme savait faire de l'or. Le pauvre roi avait bien besoin d'or... Ses finances baissaient lamentablement... En vain il augmentait les impôts.

Le roi dépêcha chez Flamel l'un de ses confidents, le sieur Cramoisi, Maître des requêtes. Flamel préféra avouer. Il dit qu'il savait faire de l'or. Et il remit à Cramoisi un matras plein de poudre de projection.

L'histoire demeure muette sur les suites de cette visite.

Et l'alchimiste recommence tranquillement ses libéralités : il aide à la reconstruction du portail de Sainte Geneviève des Ardents, et il y fait placer une statue le représentant vêtu d'une longue robe à capuchon à côté des insignes de son art ; au-dessous, ces vers :

De Dieu notre Sauveur
Et de sa digne croix,
Sois mémoire au pécheur
Chacun jour plusieurs fois.

Puis, il achète (en 1406), rue de Montmorency, un terrain vague dépendant des moines de Saint-Martin, à la condition qu'il n'y bâtira ni église ni chapelle, les moines, pratiques, craignant la concurrence pour Saint-Martin-des-Champs (aujourd'hui l'église Saint-Martin; à cette époque elle se trouvait en pleins champs) ; Flamel s'engage, en outre, à faire au prieuré une rente de 10 sols parisis.

Il éleva sur le terrain en question la maison dite, depuis, du Grand Pignon. Cette maison existe encore, elle est sise 51 rue de Montmorency, le pignon a été remplacé par un troisième étage, et, au-dessus de dessins, signes et caractères bizarres ornant les pierres de la façade, on lit cette inscription : *Nous hômes et fémes laboureurs demourans au porche de ceste maison qui fut faicte en l'an de grâce mille quatre cens et sept sômes tenus chalcun en droit soy dire tous les jours un Patenostre et un Ave Maria en priant Dieu q. de la grâce face pardon aus poures pécheurs trespasses. Amen.* Etait-ce l'unique loyer qu'ils avaient à payer à Flamel ? Nous l'ignorons, mais nous constatons qu'Albert Poisson qui a écrit : « Cette maison existait encore en 1852... » aurait pu prendre la peine de voir qu'elle existait encore quand il écrivait cela. Le rez-de-chaussée est aujourd'hui occupé par un petit restaurant.

Flamel poursuit ses acquisitions. Il achète la maison qui fait le coin de la rue de Montmorency et de la rue Saint-Martin à l'enseigne de la Belle Image. Il achète la maison du Puits, sise également rue de Montmorency.

En 1411 Flamel termine le *Livre des figures hiéroglyphiques* commencé en 1399.

Le 22 novembre 1416, il fait son testament. Il prépare sa propre pierre tumulaire.

Le 22 mars 1417 il meurt. Il avait quatre-vingts ans passés.

On l'enterra dans l'église Saint-Jacques-de-la-Boucherie, devant le Crucifix et Notre-Dame. Sur son caveau fut scellée la pierre qu'il avait préparée, pierre sur laquelle est figuré le Sauveur tenant la boule du Monde, entre saint Pierre et saint Paul, à côté du Soleil et de la Lune, avec cette inscription : « Feu Nicolas Flamel, jadis écrivain, a laissié par son testament à l'œuvre de ceste église certaines rentes et maisons qu'il a acquestées et achetées de son vivant, pour faire certain service divin et distributions d'argent chacun an par aumone, touchant les Quinze-Vingts, Hôtel-Dieu, et autres églises et hopitaux de Paris. Soit prié pour les Trépassés ». Au-dessous, l'image d'un cadavre à demi-consommé et ces vers :

De terre suis venu et en terre retourne:
L'âme rends à toi, I. V, H (1), qui les péchés pardonne.

En 1797, lors de la démolition de l'église Saint-Jacques, cette pierre disparut. Elle est aujourd'hui au

(1) Ces lettres sont l'I. E. V. hébraïque.

musée de Cluny (1) après avoir servi à hacher les herbes chez un fruitier, et être passée chez plusieurs marchands de curiosités.

Le testament de Flamel qui est conservé à la Bibliothèque nationale et qui comprend quatre feuilles de parchemin commence ainsi : « A tous ceux qui ces lettres verront, Tanneguy du Chastel, chevalier, conseiller, chambellan du roy nostre sire, garde de la prévosté de Paris. Salut. Sçavoir faisons que par devant Hugues de la Barre et Jehan de la Noë, clercs notaires du roy nostre sire, de par luy establis en son Chastelet de Paris, fust personnellement establi, Nicolas Flamel, escrivain, sain de corps et pensée, bien parlant et de bon et vray entendement, si comme il disoit et comme de prime face apparoist, attendant et sagement considérant qu'il n'est chose plus certaine que la mort, ne chose moins certaine que l'heure d'icelle et pour ce que en la fin de ses jours, il ne feist et soit trouvés importunités surce, non voulant de ce siècle, trespasser en l'autre, intestat, pensant aux choses célestes, et pendant que sens et raison gouvernent sa pensée, désirant pourvoir au salut et remède de son âme, fit, ordonna et avisa son testament ou ordonnance de dernière volonté au nom de la glorieuse Trinité du Père, du Fils et du Saint-Esprit... »

(1) Sous le porche ogival s'ouvrant vers le jardin et d'où part l'escalier tournant montant à la chapelle.

Par ce testament Flamel « laisse en aumosne et pour prier Dieu pour lui à ses hostes qui demeureront lors en ses maisons outre la porte Saint-Martin et devant l'église Saint-Jacques à chacun vingt sols parisis à leur rabattre sous leurs louages... D'un drap brun, au prix de douze sols l'aulne, dont achèteront 300 aulnes les exécuteurs, cent ménages pauvres seront tenus de faire chacun en droit soy, cotte, chapperon et chausses pour les porter tant comme ils pourront durer sans les vendre ni convertir ailleurs sur peine de restituer la valeur du drap... Deux cents aulnes de drap bleu au prix de 24 sols parisis l'aulne seront distribués à raison de quatre aulnes par tête à seize religieux de différents ordres, à dix-sept pauvres prêtres et le reste à de pauvres escoliers, maistres ès arts et aultres prins et choisis en collèges et en dehors...

Il lègue aux confréries dont il faisait partie, c'est-à-dire aux confréries de Sainte-Anne, Saint-Jacques, Saint-Christophe, Sainte-Catherine-du-Val-des-Escholiers, Notre-Dame-de-Boulogne-sur-Mer, Notre-Dame-la-Septembreche, Notre-Dame-de-Mezoch, Saint-Michel-de-la-Chapelle-du-Palais et Saint-Jean-l'Evangéliste, ainsi qu'à Saint-Jacques-de-la-Boucherie, Saint-Jacques-du-Haut-Pas, Notre-Dame-de-Pontoise, Sainte-Geneviève, Notre-Dame-d'Haubervilliers un calice de fin argent doré.

Il fait une rente à ses servantes, laisse la somme nécessaire pour dire des messes basses quotidiennes pour le repos de son âme pendant sept ans, il remet la moitié de leurs dettes à certains de ses débiteurs, etc., etc., décrétant que Saint-Jacques-de-la-Boucherie héritera de ce qui restera.

... Tout cela représente une fort jolie fortune — trois millions actuels environ. La personne qui possède actuellement trois millions est évidemment à son aise ; mais elle ne jouit pas d'une énorme influence, on ne la redoute guère. Tandis qu'à l'époque de Flamel la personne qui possédait ces rentes devait être connue et enviée à la façon d'un Rockfeller. De telles fortunes étaient ignorées dans la bourgeoisie, elles ne se rencontraient que dans la noblesse ; au reste, elles avaient tôt fait d'anoblir leurs possesseurs.

La conclusion est que Flamel était riche, très riche, mais qu'il s'efforçait de le faire oublier par de bonnes œuvres.

— Et maintenant, M. le Chanoine, que vous avez ouï mon dernier chapitre sur Flamel je vous emmène rue de Montmorency, dans la maison de notre homme.

— Mais cela n'était pas compris dans le programme, et nous devions déjeuner ici.

— Bah ! ici ou là-bas... Là-bas peut-être notre héros, sans nous apparaître, m'inspirera-t-il d'utiles idées. En route donc, car il va être midi.

La rue de Montmorency est une des rues de Paris les plus étroites, sombres, humides, pauvres, commerçante mais peu engageante. Les maisons sales, noires se pressent les unes contre les autres, étouffant et étouffées, avec des entrées de tunnel et des ouvertures de puits. Le numéro 51 est une maison à deux étages, étroite de deux fenêtres de façade — actuellement l'Hôtel Helvétia ainsi que l'annonce une lanterne postée à côté de la plaque commémorative de la Ville de Paris laquelle porte ces mots :

MAISON DE NICOLAS FLAMEL
ET DE PERRENELLE SA FEMME
POUR CONSERVER LE SOUVENIR
DE LEUR FONDATION CHARITABLE
LA VILLE DE PARIS A RESTAURÉ EN 1900
L'INSCRIPTION PRIMITIVE
DATÉE DE 1407

Cette inscription nous l'avons déjà donnée : *Nous hômes et fêmes laboureurs demourans au porche de ceste maison qui fu faite en l'an de grâce mille quatre cens et sept sômes tenus chalcun en droit soy dire tous les jours une Patenostre et un Ave Maria en priant Dieu que de la grâce face pardo aus poures pêcheurs trespassés. Amen.* Elle s'étale sur le linteau du rez-de-chaussée supporté par six piles de grosses pierres dans lesquelles sont gravées des figures naïves et des lettres gothiques qu'il est malaisé de déchiffrer : on y reconnaît des bonshommes, des anges et les initiales N. F.

— Il faudra tout de même, dit Schwaeblé, que je m'amuse un jour à voir clair là-dedans.

— La fameuse recette est peut-être là !

— Qui sait ? En attendant entrons.

La salle du rez-de-chaussée sert de restaurant.

C'est une salle basse, pas très claire, presque un caveau, mais d'une propreté exquise, et dont le décor moderne s'accorde assez bien avec les vestiges du passé ; des réclames suisses brodant sur le tout évoquent Guillaume Tell !

Seulement les clients se trouvaient pressés, assis en face les uns des autres autour d'une longue table d'hôtes, se connaissant, se saluant, se demandant de leurs nouvelles, gênant les nouveaux venus, les dévisageant curieusement et désagréablement, puis les abandonnant totalement.

— N'étaient les caractères gothiques de la façade, dit le Chanoine, nous serions en plein style roman.

— Ce que je rêve pour les églises ! l'extérieur gothique, l'intérieur roman ; la flèche élancée appelant les fidèles et leur montrant le chemin du ciel, la façade mondaine, futile, coquette, tourmentée, compliquée, parée de dentelles et de bijoux de pierre, l'enfant Jésus et la Vierge charmants de douceur et de poésie ; l'intérieur, au contraire, simple, sévère, grave, sombre, angoissé, oppressé sous la peur de Dieu le Père, la pureté du cœur symbolisée par la nudité et la solidité des murs.

— Ajoutez un peu de style byzantin pour figurer le Saint-Esprit ! En tous cas que de crimes littéraires on commit au nom de ces divers styles ! que de bêtises débitées ! que de définitions ineptes ! Pourquoi ne pas confesser leur origine naturelle, je veux dire le climat ? Dans le Midi qui ne redoute pas l'accumulation des neiges les toits sont plats et le style roman; dans le Nord qui la redoute les toits sont pointus, et le style gothique. En outre, dans les pays de soleil les fenêtres n'ont pas besoin d'être larges ni hautes sous peine de transformer les habitations en serres, et rien n'y entretient mieux une agréable fraîcheur que des murs épais. Vous figurez-vous la cathédrale de Beauvais, par exemple, élevée à Arles, et les fidèles y entendant la messe, l'été ? Les malheureux renouvelleraient le martyre de saint Laurent ! Voyez les platanes : dans le Midi ces arbres forment, au-dessus des routes, des voûtes basses, carrées, épaisses, et dans le Nord des voûtes hautes, étroites, minces, ogivales.

« En somme le roman c'est la langue d'oc, et le gothique la langue d'oïl.

Le patron passait des plats appétissants, copieux, soigneusement cuisinés, mais vraiment les convives mangeaient trop les uns sur les autres. C'était trop table d'hôte, trop popote familiale : impossible de ne pas entendre les conversations voisines, impossible de parler en particulier, de s'isoler. Impossible aussi d'aller plus ou moins vite, il fallait se nourrir en cadence, entamer et terminer les plats de concert.

Bref, le repas avalé, le Chanoine et Schwaeblé éprouvèrent une vive satisfaction à se sentir libres dans la rue.

— Si malgré le froid nous faisions une petite promenade ?

— J'allais vous le proposer, M. le Chanoine.

« Voulez-vous nous diriger vers le Marais, nous n'en sommes pas loin.

— Je ne demande pas mieux.

Dans le Marais ce sont les hôtels sévères et majestueux — et bêtes : vastes cours, doubles cours (et nos architectes qui parlent d'aérer ! Qu'ils ménagent donc de telles cours !), entrées seigneuriales, fenêtres hautes, pièces immenses. Mais, au moins, partout, recherche de luxe, colonnes, jardins, statues, portes de bois finement sculptées, fontaines, balcons agréablement travaillés. Ah ! on ne regardait pas à l'argent ! ce n'était pas le toc de nos jours. Et les gens qui habitaient là n'avaient pas fait fortune dans les pneus, ils se connaissaient aux arts. Les Maîtres décoraient les plafonds, les murs, les porches. Nos hôtels modernes les plus riches sont bien loin d'avoir cette allure !

Sans doute, ce style attire moins que celui de l'hôtel de Sens et du quartier Saint-Séverin ; ces hôtels froids et solennels dépeignent merveilleusement l'ennui du Grand siècle, leur vue ne récrée guère.

Voyez les Archives (l'ancienne demeure de la princesse de Soubise), voyez l'hôtel de Rohan (l'Imprimerie nationale), voyez l'hôtel Carnavalet (qu'on a si bien arrangé et rarrangé qu'aujourd'hui il offre la parfaite synthèse de tous les styles), voyez, rue Saint-Paul, l'hôtel de la Vieuville, voyez, 68, rue François-Miron, l'hôtel Beauvais avec son imposante cour en cercle fermé par une coupole élevée sur quatre magnifiques colonnes, entre lesquelles partent, à droite et à gauche, les galeries seigneuriales menant aux appartements (Mme de Beauvais, femme de chambre d'Anne d'Autriche, *déniaisa* Louis XIV) : où le coin intime dans ces hôtels? où l'endroit propice aux confidences? rien que des salles d'apparat! Les chambres à coucher même sont des salons, on recevait dans le lit.

Et, pourtant, l'on éprouve du plaisir à errer place des Vosges : l'on s'y croit en province, l'on y oublie Paris. Oui, devant ce square désert comme les avenues de Versailles, ces pavillons pareils, de silhouette géométrique, ces arcades mornes, on rêve, instinctivement, au passé, à une vieille douairière. La place est si tranquille ! pas de voitures pour distraire l'oreille, pas de casernes modernes pour accrocher la vue. On peut rêvasser tout son saoul, et l'on rêvasse très doucement à ce qui meurt, à ce qui s'en va, aux crépuscules... Vieille coquette qui se fane...

Place de l'Ave-Maria, dans le quartier Saint-Paul, parmi les rues mortes, l'hôtel de Sens, l'ancien palais des archevêques, se dresse encore fièrement, solide, trapu, puissant à sa base avec ses larges assises, gracieux, élancé en haut avec ses tourelles pointues, ses lucarnes finiment découpées, ses gargouilles crachant l'eau des pluies.

Tout près, le passage Charlemagne avec l'hôtel du Prévost, un passage formé de cours reliées par des portes-cochères sous lesquelles des charcutiers juifs préparent je ne sais quels mets d'odeur infecte. Dans un coin de la première cour, un escalier monte en vis dans une authentique tour du XIVe siècle, reste de l'hôtel de Hughes Aubriot, prévôt de Paris, du duc d'Orléans, du duc de Berri, de Jean de Montaigu, décapité en 1409 pour sortilège, elle fait plaisir, remet en mémoire cette époque de naïveté et de crime.

Et, non loin, la rue du Petit-Musc ou de la Pute-qui-Muse, ancien val d'amour ! Et l'impasse Putigneux (de Pute et Teigneux) ! Et la rue des Barres qui doit son nom aux barres qu'y plaçaient jusqu'à la Seine les employés des aides et des gabelles ! C'est dans cette rue que se trouvait l'hôtel de Louis de Boisredon, amant d'Isabeau de Bavière, que Charles VI fit jeter à la rivière dans un sac portant ces mots : « Laissez passer la justice du Roi » !

Et cette rue de l'Hôtel-de-Ville, vraie rue du XVe siècle avec ses maisons hautes et étroites, les unes tombant en arrière, les autres se penchant sur les passants, avec ses boutiques noires derrière leurs énormes piliers et leurs auvents, qui tourne autour des tourelles moyenâgeuses de l'hôtel de Sens !

X

Certains jours ce pauvre Jobert était bien embêté... La gloire le poursuivait, le cramponnait, se collait à lui ! Quelques articles de revues avaient dépeint l'homme et ses expériences, et le veau d'or s'était réveillé, levé, rué ! Filles, bourgeois, nobles, financiers, artistes, politiciens, ceux qu'hypnotise la magie de l'or, débiteurs voulant payer leurs dettes, voleurs sur le point d'être arrêtés et anxieux de réparer leurs fautes, amoureux que le manque d'argent empêchait d'arriver à leurs fins, inventeurs désireux de réaliser leurs chimères, capitalistes avides de vastes entreprises, femmes souhaitant simplement de belles toilettes et des bijoux, poètes attendant de voir leurs chefs-d'œuvre imprimés, vieillards sincères souhaitant des œuvres philanthropiques pour aider aux indigents : une foule extraordinaire monta vers Jobert, dans laquelle les classes, les âges, les fortunes se mêlaient, emportés par la passion de l'or, tombant aux sentiments les plus bas, perdant toute pudeur, demandant, priant, suppliant humblement.

Lui-même en était étonné ! et pour que Jobert s'étonnât...

Des lettres dénotaient la pure folie. Une vieille marquise, riche, exposait qu'elle ne l'était pas assez pour payer un chirurgien de sa connaissance qui saurait effacer les rides de son visage, relever sa gorge, la rajeunir de vingt ans ! Un officier proposait d'acheter les ennemis de la France (ce qui les eût enrichis !). Un syndicat de financiers cherchait à s'assurer le monopole de la fabrication de l'or, des ouvriers entrevoyaient la vie dans un paradis où les machines remplaceraient la main-d'œuvre.

L'alchimiste connut une célébrité fâcheuse, l'accaparant dans la rue, au restaurant, au café, enfonçant sa porte, l'épiant, sans pitié, de jour et de nuit, discrète, publique, modeste, menaçante. Néanmoins il gardait sa placidité, ne répondant point aux lettres, laissant carillonner, et lorsqu'on l'abordait énonçant des phrases évasives, n'affirmant ni oui ni non, exaspérant le désir, jouissant de la fièvre malsaine qui brûlait les cerveaux, se payant la tête des solliciteurs, encaissant sans sourciller les épithètes les plus élogieuses, les compliments les plus effrontés, promettant sans promettre, ne refusant pas, ne donnant pas, rendant fous les demi-fous.

— Ils m'ennuient, ils veulent jouir et posséder sans travailler, racontait Jobert. Ils s'aplatissent comme des juifs. Si je voulais je serais Vénérable, Grand Architecte, Roi, Empereur ! Un de ces quatre matins, en mon absence ils vont cambrioler mon laboratoire pour s'emparer de mon secret. Ils peuvent entrer : ils recevront dans le nez une fusée que j'ai disposée à cet effet ! Vous ai-je dit que la police s'en mêlait ? On m'accuse de je ne sais quoi. Ils veulent avoir ma recette par n'importe quel moyen, ils ne l'auront par aucun. Qu'ils me fassent passer pour faux-monnayeur ! je m'en fiche. Ils essayent de m'embêter parce que je manie les métaux précieux ; ne suis-je pas chimiste ? Je suis aussi malin qu'eux !

Bref on discutait l'infortuné Jobert comme l'on discuta Flamel. L'histoire de tous les alchimistes est la même, ils connaissent honneurs, prison, gloire, humiliations, admiration, injures, ils passent d'un extrême à l'autre, constamment ignorants de la bienheureuse médiocrité, jamais si près de la misère que lorsqu'ils touchent à la fortune, comme si l'or portait malheur à ceux qui le défient, comme s'il se défendait, comme s'il brûlait, comme s'il voulait dégoûter les gens d'être alchimistes !

L'abbé Villain, en effet, assure que Flamel n'a point trouvé le secret de la Pierre philosophale, et qu'il s'est tout bonnement enrichi dans son commerce d'écrivain.

Dom Pernety, auteur de plusieurs traités d'alchimie, affirme que Flamel faisait bel et bien de l'or. Il écrit à l'un de ses correspondants :

« Il a paru chez Desprez, imprimeur libraire, rue Saint-Jacques, un gros volume in-12 sous ce titre *Histoire critique de Nicolas Flamel*, par l'abbé Villain.

« Après l'analyse que vous fîtes dans votre *Année littéraire* au mois de novembre 1758 j'aurais cru que cet auteur se serait condamné au silence. Mais vos remarques au sujet de la digression sur Nic. Flamel, et l'envie de justifier une opinion hasardée qu'il a pris le parti de ne pas abandonner ne lui ont pas permis de se taire. De plus, des personnes avantageusement connues dans la République des Lettres et pour qui toute vérité est précieuse lui ont marqué un désir ardent de connaître à fond un homme aussi renommé que Flamel. Il a été excité encore par la communication d'un article qui le regarde, dans une nouvelle édition que l'on prépare d'une description de Paris, où l'on adopte et l'on donne comme vraisemblable votre opinion qui est aussi la mienne ; tous ces motifs détaillés dans un Avant-Propos lui ont fait entreprendre une Histoire critique de Flamel, et il se flatte d'avoir porté jusqu'à la démonstration tout ce qu'il a annoncé.

« Un écrivain très versé dans cette matière va publier incessamment une réfutation du nouveau livre de M. l'abbé Villain, parce que, dit-il, toute vérité lui est précieuse et qu'il ne peut voir de sang-froid que M. l'abbé Villain se flatte d'avoir de meilleurs yeux que tous les gens avantageusement connus dans la République des Lettres depuis près de trois siècles.

« Je laisse à cette personne le soin de désabuser M. l'abbé Villain, et je me contente de lui proposer quelques problèmes à résoudre et de lui présenter quelques réflexions que ses ouvrages ont fait naître.

« Quand on avoue qu'on ignore absolument une

science, doit-on s'ingérer d'en raisonner, de juger de ce qui peut y avoir quelque rapport, et de contredire ceux qui sont unanimement regardés comme maîtres en ce genre? M. l'abbé Villain sçait-il ce que c'est qu'un philosophe hermétique, la conduite qu'il doit tenir pour sa tranquillité, la manière dont il se comporte dans la distribution de ses bienfaits, etc.?

« Ignore-t-il l'essence et le caractère distinctif des emblèmes, qui consistent à cacher, sous l'apparence d'objets connus, des choses qui ne sont aperçues que par des yeux plus clairvoyants que ceux du commun?

« N'y a-t-il pas au moins de la témérité à traiter de fable pure ce que des Scavans dans tous les genres, des gens très sensés, ont cru pouvoir regarder comme des réalités?

« Peut-on raisonnablement s'imaginer qu'un philosophe hermétique doive s'afficher tel? et M. l'abbé Villain a-t-il pensé trouver « Flamel philosophe » dans les contrats de rentes, les quittances, etc., de Flamel homme privé?

« Fallait-il employer plus de 400 pages pour nous accabler du détail minutieux de ces rentes, de ces quittances, etc., de Flamel se conduisant comme bourgeois bon chrétien? M. l'abbé Villain pour se convaincre que Flamel mérite le nom de Philosophe voudroit-il que dans les contrats qu'il a faits, dans les quittances qu'il a reçues ou données, il eût signé Nicolas Flamel, Philosophe Hermétique?

« A-t-il cru de bonne foi qu'en secouant la poussière dont il s'est couvert, en feuilletant les vieux parchemins des archives de Saint-Jacques-de-la-Boucherie, il persuaderait aux sçavans qu'ils sont aveugles ; qu'ils doivent le prendre pour guide, que Flamel n'a jamais su le secret de la science hermétique, ni même travaillé à s'en instruire, ni écrit sur cette science, parce qu'il n'a trouvé dans son coffre de six pieds de long ni poudre de projection, ni lingots d'or, ni les ouvrages manuscrits de Flamel ? Pense-t-il que sur de telles preuves sa décision sera sans appel ; que Flamel sera dépouillé pour toujours du titre de philosophe et dégradé de la classe des sçavans dans ce genre ?

« Il ne me reste que quelques réflexions à présenter à M. l'abbé Villain sur la manière dont il s'exprime au sujet du manuscrit de Flamel que vous avez cité dans votre lettre du mois de novembre 1758. « On « trouve, dit-il, ce langage presque paternel dans un « autre traité de l'œuvre hermétique que dom Per- « nety, bénédictin, prétend avoir été écrit en 1414. « Ce révérend père qui a fourni quelques mémoires « littéraires à l'occasion de ce que j'ai dit de Flamel « dans l'essai assure avoir vu ce traité manuscrit, « qui est, dit-il, de l'écriture du temps. Cela peut être.

« Il dit encore que le manuscrit est écrit de la « propre main de Flamel, comme, ajoute-t-il, le ma- « nuscrit le porte. Cela peut être encore. Un écrivain « copioit alors des livres, c'étoit sa profession ; il « pouvoit y mettre son nom pour se faire connoître.

« Flamel, écrivain et libraire juré de l'Université, peut « par cette raison avoir mis son nom au manus- « crit qui est un psautier ; mais qu'il ait composé le « traité allégorique que dom Pernety dit être sur les « marges, c'est ce me semble ce qu'on ne peut ad- « mettre ». Voici la preuve qu'en apporte notre sça- vant critique : « Je trouve qu'en 1414 Flamel fit élever « et subhaster une maison rue du cimetière Saint- « Nicolas... Il acheta encore plusieurs rentes qu'il « serait trop long de détailler. La seule année 1414 « nous fournit de sa part huit actes, reste de beau- « coup d'autres qui ne sont point parvenus jusqu'à « nous ». Donc il n'a pas composé ce traité.

« Autre preuve, ce traité est allégorique, donc il « n'est pas de Flamel.

« Troisième preuve : « J'observerai encore que « dans le peu que contient l'extrait donné par l'au- « teur de l'*Année littéraire* on ne trouve pas à la vé- « rité des preuves de fausseté aussi évidentes que « dans l'explication des figures du charnier, mais il est « aisé d'y remarquer que ces deux auteurs sont éga- « lement peu au fait de la véritable histoire de Fla- « mel. Ils rapportent sérieusement l'un et l'autre ces « expressions de notre écrivain : Après la mort de « ma fidèle compagne Perenelle, y me prend fantai- « sie et liesse, en me recordant d'icelle, escrire en « grâce de toy. Il y avoit au moins 17 ans que Pere- « nelle étoit morte. Après une si longue viduité on ne « s'exprime pas comme on fait parler ici notre écrivain. » Flamel n'avoit pas oublié une femme qu'il avoit tendrement aimée ; au souvenir qu'il en avoit, son cœur tressailloit encore du sentiment affectueux qu'il avoit pour elle. M. l'abbé Villain ne trouve pas les mêmes dispositions dans le sien, donc Flamel n'est pas l'auteur du manuscrit !

« Peut-on se refuser à la solidité de ces preuves? et ne faudroit-il pas être de bien mauvoise humeur pour vouloir enlever à notre historien critique la douce satisfaction de pouvoir se flatter qu'il a poussé jusqu'à la démonstration tout ce qu'il a avancé sur le compte de Flamel?

« Je ne démentirai pas M. l'abbé Villain quand il dit que j'assûre avoir vu le Manuscrit, qu'il est de l'écriture du temps et je ne veux pas lui chercher chicane sur ses deux façons de s'exprimer : cela peut être. Tout me prouve qu'il n'y a pas entendu malice. S'il se connoît aux écritures de ce temps-là, pourquoi n'a-t-il pas fait la moindre démarche pour s'éclaircir du fait? Il lui eut été si facile de s'en convaincre ! Mais il avoit apparemment ses raisons. L'idée flatteuse d'un livre qu'on se propose de mettre au jour est un attrait bien puissant. Un tel éclaircissement l'auroit fait renoncer à son travail, et M. l'abbé Villain vouloit étaler aux yeux du public cette fine logique, ces raisonnemens conséquens dont nous venons de présenter une esquisse.

« Le Manuscrit est écrit de la propre main de Flamel, comme le même manuscrit le porte. Cela peut être encore, ajoute M. l'abbé Villain; vous serez surpris, Monsieur, de la vivacité de son imagination, de la subtilité de son génie, de la solidité de ses raisons dans la tournure de sa critique. « Un écrivain copioit alors des livres, dit-il, c'étoit sa profession, il pouvoit y mettre son nom pour se faire connoître ». M. l'abbé Villain pour s'épargner un si pitoyable raisonnement n'avoit qu'à faire la plus petite attention à l'extrait du Manuscrit que vous avez inséré dans vos Feuilles, le lecteur pourra en juger, le voici :

« Je, Nicolas Flamel, écrivain de Paris, cette présente année MCCCCXIIII du règne de notre Prince bénin Charles VI, lequel Dieu veuille bénir, et après la mort de ma fidèle compagne Perrenelle, i me pren fantaisie et liesse, en me recordant d'icelle, écrire en grâce de toy, chier nepveu, toute la maistrise du secret de la poudre de projection ou teincture philosophale, que Dieu a pris vouloir de départir à son moult chétif serviteur, et que ay répéré et comme repéreras, en ouvrant comme te diray... Adonc ay escrit cedit livre de ma propre main, et que avois destiné à l'Eglise Saint-Jacques, estant de la ditte Paroisse. Mais après que j'eu recouvré le livre du Juif Abraham, ne me prit plus vouloir de le vendre pour argent, et j'ai icelui gardé moult avec cure, pour en luy escrire le secret d'Alchimie en lettres et caractères fantasiés, dont te baille la clef, et n'oublie mie d'avoir de moy souvenance quand seroy dans le sudaire; et remémores adonc que t'ay faict tels documens, c'est-à-sçavoir afin que te fasse grand maistre en Alchemie... En avant de dire un mot sur la pratique d'ouvrer, j'ai vouloir de te conduire par théorique à connoistre ce qu'est à sçavoir, science muante corps métalliques en perfection d'or et d'argent, produisant santé aux corps humains, et muant viles pierres et cailloux en fines, sincères et précieuses, etc. »

« A la fin du Manuscrit on lit ceci : « Adonc as le trésor de toute la félicité mondaine que moy, pauvre ruril de Pontoise, ay faict et maistrisé par trois reprinses à Paris en ma maison rue des Escrivains, tout proche de la Chapelle Saint-Jacques la Boucherie et que moi, Nicolas Flamel, te baille pour l'amour qu'ay toi en l'honneur de Dieu... Avises donc, chier nepveu, de faire comme ay fait ; c'est-à-sçavoir de souslager les pauvres, nos frères en Dieu, à décorer le Temple de nostre rédempteur, faire issir des prisons mains captifs détenus pour argent et par le bon et loyal usage qu'en feras, te conduiras au chemin de gloire et de salut éternel, que je, Nicolas Flamel, te souhaite au nom du Père éternel, Fils Rédempteur et Sainct-Esprit illuminateur, saincte, sacrée et adorable Trinité et Unité. Amen. » Je laisse au lecteur à juger si M. l'abbé Villain a eu raison de ne regarder Flamel que comme copiste de ce manuscrit dans lequel il parle toujours comme auteur.

« Quant à la glose de M. l'abbé Villain sur le présent que Flamel fait de ce Manuscrit à son neveu elle ne mérite pas d'être relevée. Il lui présente, dit notre historien, un ouvrage scellé dont il garde la clef, etc. Cette fausseté se manifeste par l'extrait ci-dessus. Et si ce traité est allégorique, il est dans le goût de tous les autres composés sur cette science, sage précaution de la part de leurs auteurs, pour voiler aux yeux du public et des avares surtout un secret dont la publicité troubleroit l'harmonie de la société. Flamel avoit levé ce voile de dessus les yeux de son neveu, puisqu'il dit dans le même manuscrit : fais et opère comme tu m'as vu faire.

« J'abandonne le reste de l'ouvrage de M. l'abbé Villain à la personne qui se propose de le relever méthodiquement et qui a eu la patience de le lire en entier.

« J'ai l'honneur d'être, etc. »

DOM PERNETY.

.·. Naudé, lui, raconte que Flamel s'est enrichi aux dépens des juifs. C'est aussi l'opinion de *La Croix du Maine* qui dit : « La source de sa richesse est telle, quand les juifs furent chassés, lui qui avait leurs papiers, loin de réclamer à leurs créanciers ou de les dénoncer au roi, partageait avec eux pour leur donner acquit. »

C'est également celle d'Hoeffer qui affirme : « La véritable source des richesses de Flamel s'explique par les rapports fréquents et intimes qu'entretenait cet alchimiste avec les juifs si persécutés au Moyen-Age et qui étaient tour à tour exilés et rappelés selon le bon plaisir des rois. Dépositaire de la fortune de ces malheureux dont la plupart mouraient dans l'exil, l'écrivain de Saint-Jacques-la-Boucherie n'avait pas besoin de souffler le feu du grand œuvre pour s'enrichir. L'histoire du livre d'or du juif Abraham pourrait bien n'être autre chose qu'une allégorie par laquelle Nicolas Flamel rappelle lui-même l'origine de sa fortune. »

Le grand chimiste Dumas dit dans ses *Leçons sur la philosophie chimique* : « On trouve ensuite Nicolas Flamel qui s'est acquis une certaine célébrité. On prétend qu'il trouva la pierre philosophale en s'aidant des recherches d'un juif dont il aurait eu le bonheur de posséder les manuscrits. Plusieurs fois il aurait mis en pratique ses procédés alchimiques, il aurait acquis ainsi une fortune colossale qu'il aurait employée à bâtir une quantité de maisons et même d'églises. Enfin on ne sait trop pourquoi il aurait fait semblant de mourir ainsi que sa femme et ils se seraient refugiés en pays lointains, devenus immortels et possesseurs d'inépuisables trésors. Un livre *ex-professo* a été consacré à l'examen de ces faits, et l'on y voit que Nicolas Flamel est mort dans un état de fortune très médiocre, sans avoir jamais joui de l'éclat qui lui a été attribué. C'était simplement un écrivain public assez vaniteux, qui prêtait à la petite semaine, de manière que dans son quartier il avait des intérêts sur un nombre infini de petites maisons, et d'après l'histoire de sa vie on voit qu'il n'a jamais été chimiste. »

XI

Flamel a laissé un traité hermétique à l'un de ses neveux, un des trois fils de sa belle-sœur Isabelle Perrier.

Ce Perrier hérita également de ses papiers, matras et autres appareils alchimiques.

A la mort de Perrier, tout cela passa aux mains d'un médecin nommé Du Parrain qui le donna à son filleul Dubois.

Dubois usa de la poudre contenue dans les matras. Voici ce que rapporte un contemporain : « L'autre personne avec laquelle il (Morin) a souvent pris plaisir de s'entretenir est M. de Chavigny, qui avoit esté présent à l'épreuve que du Bois fit de sa poudre de projection, à la veüe et soubs la main du Roy, et qui fut chargé de cet or nouvellement fabriqué pour en faire faire l'examen par l'essayeur de la monnoye, qui après la dernière espreuve le déclara plus fin que celui dont on se sert ordinairement, et ce qui le surprit, quoi qu'il soit aisé d'en donner la raison, fut qu'il le trouva plus pesant après l'opération qu'il ne l'estoit auparavant.

Or, comme cette histoire, l'une des plus curieuses

sans doute de celles qui ont entretenu le siècle présent, a eu des faces bien différentes, j'ay creu qu'il ne seroit pas tout à faict hors de propos de luy donner icy son véritable jour et de dire à l'honneur de la chymie et par amour de la vérité qu'il n'y eut aucune fourbe à l'espreuve que du Bois fit de sa poudre ; le creuset fut pris sans affectation chez un marchand, M. de Chavigny ramassa dans les bandoüillères des gardes des balles de plomb qui furent fondües, et Sa Majesté mit elle-même la poudre qui luy fut donnée en très petite quantité dans un peu de cire, après l'avoir entortillée dans du papier pour la tenir plus facilement ; mais d'où vient donc le traitement que l'on fit à Dubois, c'est un ressort caché de la Providence, ce que j'en ay apris est que l'on voulut tirer son secret, et soit qu'il s'oppiniastra à ne point le donner ou qu'il ne fut pas l'autheur de la poudre, comme il y en a bien de l'apparence, on se lassa de ses remises, on le fit arrester à Ruel, où il alloit souvent conférer avec son Eminence, et sous prétexte de la seureté de sa personne, on luy donna le bois de Vincennes pour logement et des gardes du corps pour luy tenir compagnie.

Le régal lui sembla bien fascheux et lui parut d'autant plus rude qu'il n'avoit point cherché, au contraire qu'il avoit fuy autant qu'il avait peu, de se faire congnoistre à la Cour. La nécessité seule et fatale de conserver la liberté qu'il s'estoit procurée par la sortié de son couvent luy ayant fait consentir de se déclarer au père Joseph, qui après un examen fort exact et chez les religieuses du Calvaire, le déféra à son Eminence, ainsi donc au lieu de profiter de ce traictement, il en devint moins traictable, et enfin s'échappa par ses paroles en de si grandes extrémités qu'on ne vit plus rien à faire que de luy donner des commissaires ; comme sa vie n'avoit pas esté régulière, quoy qu'il eust faict profession dans un ordre très régulier et très sainct, il ne leur fut pas difficile de trouver des sujets d'exercer la rigueur de la justice souveraine, dont ils estoient dépositaires.

Dubois fut condamné à mort pour divers crimes et la souffrit par les mains du bourreau. Mais tant s'en faut que l'on ait faict le procès à son secret, que le cardinal de Richelieu, qui n'estoit point une duppe, l'a depuis faict rechercher dans un laboratoire, qu'il fit construire à ce dessein dans le château de Ruel, et dans lequel on a travaillé plusieurs années sur les papiers qui furent saisis à Paris, dans le temps que l'on arrêta ce malheureux à Ruel.

— Mon pauvre Jobert, dit Schwaeblé à l'alchimiste, voilà le sort qui vous attend ! je ne voudrais pas être dans votre peau ! A notre époque vous ne subirez pas les rigueurs de la torture — c'est déjà quelque chose —, on se contentera de vous jeter à perpétuité dans un cachot de la Santé ! Et je pense que, selon la coutume, votre maison ne sera pas épargnée : si les chimistes officiels ne la démolissent pas de la cave au grenier pour trouver votre secret les curieux, les ambitieux, les avares se précipiteront en foule pour la louer à n'importe quel prix, votre propriétaire fera des affaires d'or.

« En effet, Flamel mort, les souffleurs de Paris prirent d'assaut sa maison. Sauval écrit : « Ces souffleurs, au reste, après avoir évaporé et réduit en fumée leurs biens et celui de leurs amis, pour dernier recours, ont tant de fois remué, fouillé et tracassé dans cette maison qu'il n'y reste plus que deux caves, assez bien bâties et les jambes étrières toutes barbouillées des hiéroglyphes capricieux, des gravures mal faites, de mauvais vers et d'inscriptions gothiques que les hermétiques subtilisent à leur ordinaire et quintessencient.

« Que si on a la curiosité de descendre avec eux dans ces caves-là, aussitôt ils montrent le lieu où Flamel s'enterroit pour faire de l'or, et voudront faire croire que ce petit morceau de terre produit et renferme de meilleur or et en plus grande quantité que toutes les Indes orientales et occidentales. Ils ajoutent qu'en 1624 le père Pacifique, capucin, grand chimiste, ayant criblé une partie de cette terre, ensuite fouillant plus avant il trouva des urnes et des vases de grès remplis d'une matière minérale calcinée, grosse comme des dés et des noisettes ; qu'au reste quoiqu'il pût faire, pour en tirer de l'or, toute sa science et son art échouèrent contre ce petit banc de grès et de sable.

« Bien plus, disent-ils, un seigneur allemand ayant creusé à un autre endroit ne fut pas moins heureux que le père Pacifique ; mais une femme par malheur qui logeoit dans la maison, ayant découvert à un coin plusieurs fioles de grès, couchées sur des matras de charbon, et pleines de poudre de projection, s'en étant saisie, ignorante qu'elle étoit, tout ce grand trésor périt entre ses mains ; et quoique ensuite ayant reconnu sa faute, elle ait affecté de demeurer dans tous les autres logis qui avaient appartenu à Flamel, elle a eu beau fouiller et vouloir pénétrer jusqu'à la première pierre des fondements, jamais elle n'a pu recouvrer sa perte.

— Mais sapristi, s'écria Jobert, ces gens n'avaient qu'à lire *Le livre des figures hiéroglyphiques !* Ce livre, édité pour la première fois en 1612, et traduit du latin en français par Arnauld de la Chevalerie, se compose de trois parties : la première dans laquelle Flamel raconte ses aventures ; la seconde dans laquelle il donne l'interprétation théologique des figures ; la troisième l'interprétation chimique.

« Ces gens auraient vu ceci :

« Les deux dragons (que j'ai fait peindre au cimetière) unis, l'un dans l'autre de couleur noire et bleue, en champ de sable, dont l'un a des aisles dorées et l'autre n'en a point, sont les pechez qui naturellement sont entrecathenez, car l'un a sa naissance de l'autre : d'iceux aucuns peuvent estre chassez aysément, comme ils viennent aysément. Car ils volent à toute heure vers nous. Et ceux qui n'ont point des aisles ne peuvent estre chassez, ainsi qu'est le péché contre le Sainct Esprit. Cest or des ailes signifie que la plupart de ces péchez viennent de la sacrée faim de l'or, qui rend tant de personnes attentives et qui leur faict si attentivement escouter d'où ils en pourront avoir. Et la couleur noire et bleue démonstre que ce sont des désirs qui sortent du ténébreux puits d'enfer lesquels nous devons entièrement fuyr. Ces deux dragons peuvent encore représenter moralement les légions des malins esprits qui sont toujours à l'entour de nous, et qui nous accuseront devant le juste juge au jour redoutable du jugement, lesquels ne demandent qu'à nous cribler.

— Mon cher Jobert, que voilà peu de logique ! Flamel appelle cette soif de l'or un péché, et il s'efforce de la flatter en indiquant la recette de la Pierre ! il est vrai qu'il l'indique à sa façon !

— Passons à l'interprétation scientifique des dragons :

« Contemple bien ces deux dragons, car ce sont les vrais principes de la philosophie que les sages n'ont pas osé monstrer à leurs enfants propres. Celuy qui est dessous sans ailes, c'est le fixe où le masle, et celuy qui est au-dessus, c'est le volatil ou bien la femelle noire et obscure, qui va prendre la domination par plusieurs mois. Le premier est appelé soulfre ou bien calidité ou siccité, et le dernier agent vif ou frigidité et humidité. Ce sont le Soleil et la Lune de source Mercurielle, et origine sulphureuse, qui par le feu continuel s'ornent d'habillements roïaux, pour vaincre estans unis, et puis changez en quintessence toute chose métallique, solide, dure et forte.

— Vous croyez que je comprends quelque chose à ce jargon !

— C'est pourtant bien simple ! le dragon ailé représente le volatil ou chaleur lumineuse, l'autre le fixe ou chaleur obscure : la chaleur lumineuse est la chaleur de combinaison, la chaleur obscure est la chaleur de constitution. Vous allez comprendre tout de suite la différence : l'œuf de la poule contient la vie à l'état latent — chaleur obscure, chaleur de constitution ; pour que cette vie se manifeste il faut appliquer une nouvelle force extérieure, la chaleur de combinaison produite par la poule ou la couveuse artificielle, chaleur réellement lumineuse ainsi qu'on peut l'observer par les temps secs.

« Continuons par l'explication théologique de la peinture suivante :

« L'homme et la femme qui viennent après de couleur orangée sur un champ azuré et bleu signifient que l'homme et la femme ne doivent pas avoir leur espoir en ce monde, car l'orangé marque désespoir, ou laisser l'espoir comme icy, et la couleur azurée et bleue sur laquelle ils sont peints représente qu'il faut penser aux choses célestes futures, et dire comme le rouleau de l'homme : « *Homo veniet ad judicium Dei* » ou comme celui de la femme : « *Vere illa dies terribilis erit* » afin que nous gardans des dragons, qui sont les pechez, Dieu nous face miséricorde.

« Au point de vue scientifique cela signifie :

« Donc je te peints ici des corps, un de masle et

l'autre de femelle, pour t'enseigner qu'en cette seconde opération tu as véritablement, mais non encore parfaictement, deux natures conjoinctes et mariées, la masculine et féminine, ou plustôt les quatre elemens, et que les ennemis naturels, le chaud et le froid, le sec et l'humide, commencent de s'approcher amiablement les uns des autres, et par le moyen des entremetteurs de paix deposent peu à peu l'ancienne inimitié du vieil chaos. Tu sçais assez qui sont ces entremetteurs entre le chaud et le froid, c'est l'humide car il est parent et allié des deux, du chaud par sa calidité, du froid par son humidité, voilà pourquoy pour commencer de faire cette paix, tu as desja en l'opération précédente converti toutes les confections en eau par la dissolution.

J'ay faict peindre leur champ azuré et bleu, pour monstrer que je ne fais que commencer à sortir de la très noire noirceur. Car l'azuré et bleu est une des premières couleurs que nous laisse voir l'obscure femme, c'est-à-dire l'humidité cédante un peu à la chaleur et siccité. L'homme et la femme sont la pluspart orangez. Cela signifie que nos corps (ou nostre corps que les sages appellent icy Rebis) n'a point encore assez de digestion, et que l'humidité dont vient le noir, bleu et azuré n'est qu'à demy-vaincue par la siccité.

La peinture suivante représente « sur un champ vert trois ressuscitans, deux hommes et une femme entièrement blancs, deux Anges au-dessus, et sur les

Anges la figure du Sauveur venant juger le monde, vestu d'une robbe parfaictement citrine blanche. »

« Le sens théologique est clair, le sens scientifique...

— L'est moins !

— Attendez donc ! Les trois « ressuscitans » représentent le Mercure, le Soufre et le Sel philosophiques dont se compose la Pierre.

Je t'ay donc faict icy peindre un corps, une âme et un esprit tous blancs, comme s'ils resuscitoient pour te montrer que le Soleil, la Lune et Mercure sont resuscitez en cette opération, c'est-à-dire, sont faicts, Elémens de l'air et blanchis : car nous avons desja appelé la Noirceur, mort ; continuant la métaphore, nous pouvons donc appeler la blancheur, une vie qui ne revient qu'avec et par la résurrection. Le Corps pour te le monstrer plus clairement, je l'ay faict peindre levant la pierre de son tombeau dans lequel il estoit enterré. L'âme parce qu'elle ne peut estre mise en terre elle ne sort point d'un tombeau, mais seulement je la fais peindre parmy les tombeaux, cherchant son corps en forme de femme ayant les cheveux espars. L'esprit qui ne peut estre aussi mis en sépulture, je l'ay faict peindre en homme sortant de terre, non de la tombe.

Poursuivons.

Regarde cette femme vestue de robbe orangée qui ressemble si au naturel à Perrenelle, selon qu'elle estoit en son adolescence, elle est peinte en façon de suppliante à genoux, les mains, jointes, aux pieds d'un homme qui a une clef en sa main droite, qui l'escoute gracieusement, et puis estend la gauche sur elle. Veux-tu sçavoir que représente cela ? C'est la pierre qui demande en ceste opération deux choses au Mercure des Philosophes (dépeint sous la forme de l'homme), c'est à sçavoir la multiplication et plus riche parure. Ce qu'elle doit obtenir en ce temps ici. Aussi l'homme lui mettant ainsi la main sur l'épaule : « Je luy accorde. » Mais pourquoi as-tu faict peindre une femme ? Je pouvois aussi bien faire peindre un homme qu'une femme, ou un ange (car les natures sont maintenant toutes spirituelles et corporelles, masculines et féminines), mais j'ay mieux aimé te faire peindre une femme, afin que tu juges qu'elle demande plus tôt cecy que toute autre chose ; parce que ce sont les plus naturels et plus propres désirs d'une femme. Pour te montrer encore plus qu'elle demande la multiplication, j'ay faict peindre l'homme auquel elle fait sa prière en la forme d'un Saint Pierre, tenant une clef, ayant puissance d'ouvrir et fermer, de lier et deslier : d'autant que les philosophes envieux n'ont jamais parlé de multiplication que sous ces communs termes de l'art : Ouvre, ferme, lie, deslie. Ils ont appelé ouvrir et deslier faire le corps (qui est toujours dur et fixe) mol, fluide, et coulant comme l'eau, et fermer ou lier le coaguler par après par décoction plus forte, en le remettant encore une autre fois en la forme de corps.

Après les trois résuscitans, viennent deux anges de

couleur orangée encore, sur un champ bleu, disans en leurs rouleaux : *Surgite mortui, venite ad judicium Domini mei.* Cela encore sert à l'interprétation de la résurrection. Tout de mesme que les figures suivantes et dernières, qui sont sur un champ violet, de l'homme rouge vermillon aussi, qui a des ailes, ouvrant la gueule comme pour dévorer. Car on peut dire que celui-là figure le malheureux pécheur, qui dormant léthargiquement dans la corruption des vices meurt sans repentance et confession, lequel sans doute, en ce jour terrible, sera livré au diable, ici peint en forme de lyon rugissant qui l'engloutira et emportera.

Ce champ violet et obscur représente que la pierre a obtenu par l'entière décoction les beaux vestements entièrement citrins et rouges, qu'elle demandoit à S. Pierre qui en estoit vestu, et que sa complette et parfaite digestion (signifiée par l'entière citrinité) luy a fait laisser sa vieille robbe orangée. La couleur rouge de laque de ce volant Lyon, semblable à ce pur et clair escarlatin du grain de la vrayement rouge grenade, demonstre qu'elle est maintenant accomplie en toute droicture et esgalité, qu'elle est comme un Lyon, dévorant tout une nature pure métallique, et la changeant en sa vraye substance, en vray et pur or, plus fin que celuy des meilleures minières.

— Et tout cela signifie ?

— Tout cela signifie l'alliance de la science et de la religion, et le double sens — théologique et scientifique — des figures de Flamel prouve que c'est par un même processus que l'homme et le métal arrivent à la perfection. La route de la vertu est celle de la Pierre philosophale.

— Que vous avez d'imagination, mon cher Maître ! Mais je ne puis tout de même pas donner cette conclusion à mon livre.

— Il vous faut une conclusion ?

— Dame ! mon histoire de Flamel est finie. Malheureusement, car je ne sais quelle étude entreprendre.

— Et votre revue du Vieux Paris ?

— Elle se termine aussi.

— Avez-vous visité le cimetière de la rue de Flandre ?

— Le cimetière de la rue de Flandre ?

— Une des curiosités de Paris !

« Les morts de Paris reposent bien mal, dérangés sans cesse en leurs vastes nécropoles par les enterrements, les voitures et les autos qui, comme au cimetière du Nord, passent au-dessus d'eux ; les trains qui, comme au Père-Lachaise, passent au-dessous. En vérité, à Paris la mort ressemble singulièrement à la vie, trop agitée, trop bousculée. Parmi tant de bruit n'avez-vous point songé pour dormir le dernier sommeil au petit cimetière de campagne si tranquille, si intime avec ses tombes serrées peureusement autour du clocher, au milieu de l'herbe et des fleurs ?

« Eh bien ! Paris la grand'ville possède un cimetière de campagne ; allez rue de Flandre, cette longue voie constamment sillonnée par les tramways, les autos, les voitures, et par une foule grouillante, affairée ; arrêtez-vous devant le nº 44, une grande et vieille bâtisse avec deux vastes portes cochères ouvrant sur une cour immense plantée de grosses bornes, entourée d'écuries et de hangars de bois ; pénétrez sous ces hangars et suivez un couloir humide, noir, vous arriverez devant une lourde porte dont ne fonctionne qu'à grand'peine la serrure rouillée et que, pour ma part, — muni d'ailleurs de toutes les autorisations nécessaires — j'ai dû enfoncer à coups de pioche.

Voici le jardin de la Belle au bois dormant ! Derrière cette vieille porte c'est un coin de forêt vierge ! Des arbres, des arbustes, des sureaux poussent dans tous les sens ; des feuilles mortes, des branches cassées recouvrent une minuscule clairière avec des plantes, une herbe très verte ! C'est un coin de forêt vierge entre de hauts murs qui s'écaillent et que, d'un côté, surmontent les soupiraux d'un lavoir, et, d'un autre, les fenêtres d'une maison à cinq étages ! Et ces grandes pierres qu'on aperçoit, cassées, pêle-mêle, sous les branches, ce sont des tombes ! C'est un cimetière...

Vingt-cinq tombes environ le garnissent, deux ou trois en assez bon état encore, les autres en morceaux. La végétation impitoyable a soulevé les couvercles, repoussé les dalles, brisé les pierres, enfoui les cercueils. Un sarcophage, qui ressemble singulièrement à un sarcophage gaulois, est ouvert ; un autre, qui a la forme d'un sarcophage égyptien, s'enfonce sous le sol. La mousse a recouvert les inscriptions ; on déchiffre seulement un caractère romain ou hébreu, une date : *février* 1791...

Il paraît que, sous Louis XIV, les grands seigneurs venaient, le jour, joyeusement banqueter dans cette maison — alors en pleine campagne — et qui, à l'enseigne de l' « Auberge de l'Etoile », appartenait à Maître Matar, cuisinier de son état. Cuisinier et fossoyeur, car, la nuit tombée, le restaurant fermé, Matar enterrait dans son petit jardin les hérétiques et les juifs qui ne pouvaient alors être inhumés dans les nécropoles publiques. Au reste, ne supposez pas Maître Matar un philanthrope désintéressé : lorsqu'on lui amenait une bière, il la mesurait de sa longue broche sur laquelle il avait gravé des coches, et faisait payer selon la dimension !

— En attendant que les morts ressuscitassent Maître Matar en tirait de l'or.

— Symbole de l'unité de vie et de l'unité de matière ! la vie ne meurt pas, la matière ne meurt pas, elles sont éternellement, sans transformation réelle, sans interruption, la chrysalide devient papillon, le plomb devient argent, c'est toujours la même vie qui gouverne chrysalide, papillon, plomb, argent, c'est toujours la même matière qui constitue chrysalide, papillon, plomb, argent.

— Entendu, entendu ! mais où nous conduisent cette toujours identique vie et cette toujours identique matière ? vers la perfection ? le plomb sera-t-il, un jour, totalement transmuté en argent? la vertu triomphera-t-elle?

— Le Progrès, dit le [illegible] moment, qui vous autorise à le supp[illegible] mon opinion sur l'évolution des espèces. Au reste, si une espèce évoluait elle perdrait ses caractères distinctifs, et elle ne serait plus. Si le monde était parfait Dieu n'aurait plus qu'à fermer boutique! La guerre est là, hélas! pour vous montrer ce qu'il faut penser du progrès de l'homme. Jésus a dit: Je vous ai fait connaître tout ce que j'ai appris de mon Père.

— Mais, M. le Chanoine, n'a-t-il pas dit aussi: Le Paraclet que mon Père vous enverra en mon nom vous enseignera toutes choses? Ces paroles ne signifient-elles pas que nous avons encore à apprendre?

— S'il y avait une loi du Progrès nous devrions constater que notre époque est meilleure que l'époque de Louis XIV, de Clovis ou de Solon! Et quand notre époque le serait, pourquoi l'avenir serait-il meilleur qu'elle? rien ne vous permet de poser la nécessité d'un développement progressif.

— Alors, votre conclusion, M. le Chanoine?

— Croyez en Dieu!

FIN

Vannes. — Imprimerie LAFOLYE Frères.

www.ingramcontent.com/pod-product-compliance
Ingram Content Group UK Ltd.
Pitfield, Milton Keynes, MK11 3LW, UK
UKHW021057200726
13857UKWH00003B/963

LE

CULTIVATEUR A L'ÉCOLE

LECTURES

A L'USAGE DES ÉCOLES PRIMAIRES

Par SÉVERIN LEROY

Ancien Cultivateur.

Précédé d'une Préface par M. LOUIS HERVÉ

Directeur de la *Gazette des Campagnes.*

PARIS

GEORGES CARRÉ, ÉDITEUR

112, BOULEVARD SAINT-GERMAIN, 112

1886

PRÉFACE

A M. SÉVERIN LEROY

Monsieur et honoré collègue,

Le modeste et solide ouvrage que vous offrez aux élèves de nos écoles primaires des campagnes vise, si je ne me trompe, à remplacer de nombreux manuels pédagogiques d'agriculture publiés depuis quelques années, et qui ont le défaut bien notoire d'être trop savants et de manquer le but en le dépassant. En me faisant l'honneur de me demander mon avis sur votre œuvre, vous vous rappelez sans doute l'opinion émise par moi et par plusieurs de nos collègues de la dixième section[1] sur cette tendance que nous reprochons à de nombreux instituteurs, de faire concurrence à l'enseignement des écoles spéciales d'agriculture. Cette tendance fâcheuse s'accuse de plus en plus dans leurs exhibitions de cahiers et d'objets divers dans les concours régionaux, et reçoit un encouragement plus fâcheux encore dans les récompenses que leur décernent les jurys, qui ne se demandent pas compte des résultats trop souvent négatifs obtenus par cet étalage pompeux de pédagogie agronomique.

Vous savez, comme moi, que les instituteurs qui ont obtenu les meilleurs résultats de leur enseignement agricole sont ceux qui se bornent, en théorie, aux notions les plus élémentaires et s'efforcent d'en développer l'intelligence dans l'esprit de leurs élèves, en leur mettant sous les yeux

1. La 10e section de la Société des agriculteurs de France s'occupe spécialement de l'enseignement agricole, et c'est elle qui décerne, tous les ans, les récompenses destinées aux instituteurs primaires, pour cette branche nouvelle et difficile d'enseignement. L'expérience acquise par M. Louis Hervé comme rapporteur de ces primes, l'autorise à porter le jugement qu'on vient de lire sur les ouvrages destinés à la seconder.

les objets naturels, terres, instruments, plantes, engrais, amendements, produits végétaux et animaux, et en leur donnant des explications familières sur tous ces objets et sur leur rôle dans la production des richesses de la terre.

L'enseignement agricole élémentaire, en un mot, vous l'avez compris comme moi, est, dans les campagnes, où tous ses éléments sont sous les yeux des enfants, un enseignement par les yeux, et qui des yeux va directement à l'intelligence. Le livre n'est qu'un auxiliaire dans cet enseignement. Le meilleur ouvrage est celui qui comprend bien ce rôle d'auxiliaire et en donne une saine intelligence à l'instituteur. C'est ce caractère qui recommande votre livre, à mon avis. Il est modeste, méthodique, clair dans les idées comme dans la forme ; il ne fatiguera point l'esprit des élèves, et pour peu que le maître paye de sa personne par des explications *de visu*, les élèves en tireront le meilleur fruit qu'on puisse désirer : le goût de l'agriculture, et le désir de compléter plus tard leur instruction par les livres et les journaux destinés aux cultivateurs.

J'estime, monsieur et honoré collègue, que la dixième section de la Société des agriculteurs de France partagera mon appréciation, et que les instituteurs intelligents et animés d'un zèle sincère pour l'agriculture se feront un devoir de répandre votre travail.

Vous avez eu raison d'accompagner le texte de dessins représentant les instruments agricoles fabriqués par l'ancienne maison Peltier jeune. M. Peltier devait la faveur dont jouissait sa maison aux qualités qui distinguaient ses instruments : simplicité, solidité, élégance au besoin, et prix très modérés. M. Senet, son successeur, a raison de maintenir sa maison dans la voie tracée par son habile et regretté prédécesseur.

Agréez tous mes vœux et mes sentiments dévoués.

Louis Hervé.

Directeur de la *Gazette des Campagnes*

LE CULTIVATEUR A L'ÉCOLE

LECTURES A L'USAGE DES ÉCOLES PRIMAIRES

1re LECTURE

Idée générale de l'agriculture.

L'agriculture est l'art de cultiver la terre des champs ; c'est en cela qu'elle diffère : 1° de l'horticulture, qui est l'art de cultiver la terre des jardins ; 2° de l'arboriculture, qui a pour objet la culture des arbres, soit en pépinière, soit en verger, soit en futaie ; 3° de la viticulture, qui a pour objet la culture de la vigne ; 4° de la sylviculture, qui a pour objet la culture des bois en forêt.

En cultivant la terre des champs, le cultivateur a pour but de lui faire produire les plantes qu'on appelle plantes agricoles ; il a surtout pour but de tirer parti de ces plantes, en réalisant le plus grand bénéfice possible. Mais, pour les travaux de sa culture, il lui faut des animaux de travail et, pour l'entretien de la fertilité de la terre, il lui faut cette matière première qu'on appelle les engrais. Comme l'achat du travail des animaux et des engrais est rarement possible et toujours très dispendieux, le cultivateur annexe à sa culture l'exploitation du bétail, qui lui procure le travail des animaux, des engrais et différents produits susceptibles d'augmenter les bénéfices de son exploitation. C'est pourquoi il partage les produits de sa culture en deux parties destinées, l'une à la vente et l'autre à l'entretien du bétail.

La profession du cultivateur embrasse donc deux industries qui s'enchaînent rigoureusement et qui sont : 1° la culture de la terre, qui lui fournit des produits du règne végétal ; 2° l'exploitation du bétail, qui lui fournit des produits du règne animal. Une partie des produits du règne végétal est destinée à la vente et l'autre partie est destinée à l'exploitation du bétail. De même les produits du bétail forment deux parties, dont l'une est destinée à la vente et l'autre à fournir du travail et des engrais applicables à la culture. C'est ainsi que les deux industries se donnent la main, la culture en fournissant au bétail des aliments et le bétail en fournissant à la culture du travail et des engrais.

Comme chacune de ces deux industries comprend deux éléments bien distincts, nous croyons pouvoir diviser l'étude de l'agriculture en quatre parties :

La première comprend l'étude et la préparation de la terre labourable.

La deuxième comprend les engrais, leur production et leur emploi.

La troisième comprend la culture et la récolte des plantes agricoles.

La quatrième a pour objet l'entretien et l'utilisation du bétail.

Pour simplifier autant que possible cette étude sommaire de l'agriculture, nous indiquerons, à la suite de l'exposé de chacune de ces parties, les instruments qui lui sont propres. Ainsi nous indiquerons : à la fin de la première partie, les instruments nécessaires à la préparation de la terre labourable ; à la fin de la deuxième partie, les instruments nécessaires à la production du fumier et à l'emploi des engrais ; à la fin de la troisième partie, les instruments employés pour les semailles et pour les récoltes ; et à la fin de la quatrième partie, les instruments propres à l'entretien et à l'utilisation du bétail.

En indiquant ces instruments, nous nous abstenons d'en donner la description, d'abord parce que ces descriptions sont inutiles pour le lecteur qui ne possède pas des connaissances spéciales de mécanique, ensuite parce que l'instituteur peut faire mieux comprendre à ses élèves l'usage et l'avantage de chacun de ces instruments en les plaçant sous leurs yeux, soit dans les expositions des comices, soit dans les exploitations agricoles bien organisées.

2e LECTURE

PREMIÈRE PARTIE

Le sol.

Le sol est la partie superficielle de la terre qui est remuée par la charrue. On l'appelle encore sol arable, terre labourable ou terre arable.

Le sous-sol est la couche de terre qui se trouve au-dessous de la terre labourable et qui n'est pas remuée par la charrue dans les labours ordinaires.

Le sol ou le sous-sol est perméable lorsqu'il laisse passer l'eau comme à travers un filtre.

Le sol ou le sous-sol est imperméable lorsque, à la suite des pluies, il retient l'eau à sa surface comme dans un vase.

Il arrive souvent que le sol est perméable, lorsque le sous-sol est imperméable; et, réciproquement, le sol peut être imperméable tandis que le sous-sol est perméable.

La terre cultivée ou cultivable comprend cinq espèces principales, qui sont :

1° La terre siliceuse[1], qui renferme une très grande quantité de sable siliceux provenant des débris des différentes roches.

2° La terre calcaire, qui renferme une très grande quantité de carbonate de chaux, comme la craie pulvérisée (on appelle calcaire le carbonate de chaux).

1. Silice. — Oxyde de silicium, considéré comme un acide et appelé en conséquence *acide silicique*. La silice est très abondamment répandue dans la nature; elle forme la base de toutes les pierres donnant du feu par le choc, grès, cristal de roche, etc.

Ces deux espèces de terre sont encore appelées terres légères, parce qu'elles sont faciles à labourer.

3° La terre argileuse[1], qui renferme une grande quantité d'argile. On l'appelle encore terre forte, parce qu'elle est difficile à labourer.

4° La terre franche, qui renferme, dans différentes proportions, du sable siliceux, de l'argile et un peu de calcaire. C'est l'espèce de terre la plus favorable à la culture des meilleures plantes.

5° La terre tourbeuse, qui renferme en très grande quantité des débris végétaux qui se sont décomposés sous l'eau. Telle est la terre des marais desséchés.

Autres dénominations des cinq espèces de terre.

La terre silico-argileuse est celle dans laquelle dominent le sable siliceux et l'argile, mais plus particulièrement le sable siliceux.

La terre argilo-siliceuse est celle dans laquelle dominent l'argile et le sable siliceux, mais plus particulièrement l'argile.

La terre argilo-calcaire est celle dans laquelle dominent l'argile et le calcaire, mais plus particulièrement l'argile.

On appelle terres d'alluvion les terres formées d'un mélange de plusieurs espèces, qui ont été transportées par les cours d'eau. Telles sont, en général, les terres qui occupent le fond des vallées.

Les terres battantes sont des terres siliceuses qui se tassent sous l'action de la pluie et forment ensuite une croûte très dure à la surface.

Les terres brûlantes sont celles qui sont trop facilement échauffées par le soleil; ce sont en général les terres noires et légères.

Les terres froides sont celles qui sont difficilement échauffées par le soleil; ce sont en général les terres argileuses, imper-

1. L'argile est une terre blanchâtre, douce au toucher, composée de silice et d'alumine, contenant souvent du carbonate de chaux, et souvent aussi colorée par de l'oxyde de fer.

méables, et surtout celles qui sont formées d'argile blanche.

Une terre est acide lorsqu'elle contient des débris de plantes acides. Telle est la terre de bruyère.

On appelle humus les débris des plantes et du fumier qui, mélangés à la terre labourable, contribuent à lui donner sa couleur brune. C'est l'humus qui constitue en grande partie la fertilité de la terre.

3e LECTURE

État favorable du sol.

Dans le développement des végétaux, la terre joue un double rôle : 1° actif, — par la décomposition et la dissolution de certains de ses éléments, elle concourt à l'alimentation des plantes; — 2° mécanique, — elle embrasse les racines des plantes, dont elle est le soutien, et tient à la disposition des racines toutes les substances qui lui sont confiées et qui sont destinées à nourrir les plantes.

Pour être favorable au développement des plantes, la terre doit réunir les conditions suivantes : elle doit être fraiche, capable d'acquérir le degré de chaleur exigé par les plantes, elle doit être meuble.

La fraicheur de la terre est un état intermédiaire et très variable entre la sécheresse et l'humidité. Les plantes périssent dans la terre sèche, parce qu'elles n'y trouvent, à l'état de dissolution, aucun des éléments capables de les nourrir. Elles périssent également dans la terre humide, parce que leurs racines pourrissent. Au contraire, elles vivent et se développent dans la terre fraiche, qui contient assez d'humidité pour dissoudre les substances nécessaires à leur alimentation.

On combat la sécheresse par l'arrosage, lorsqu'on a l'eau à sa disposition, et l'on peut toujours en diminuer les inconvénients en tassant la terre avec un rouleau.

On combat l'humidité en pratiquant, à la surface du sol et à ciel ouvert, des fossés ou rigoles par où s'écoulent les eaux de pluie, ou en creusant des rigoles qu'on recouvre de terre et par lesquelles s'écoulent les eaux en excès : c'est ce qu'on appelle le drainage.

La terre en culture doit posséder un certain degré de chaleur sans lequel les substances qu'elle renferme et qui sont destinées à nourrir les plantes, ne peuvent ni se transformer ni se dissoudre.

Plusieurs circonstances s'opposent à l'échauffement convenable du sol. On peut signaler d'abord l'humidité qui, dans les terres imperméables, produit du froid lorsque l'eau s'évapore. C'est pourquoi la végétation est toujours plus tardive sur les terres humides. Comme circonstance plus ou moins favorable à l'échauffement du sol, on peut encore signaler son inclinaison ou exposition vers l'un des quatre points cardinaux. L'inclinaison du terrain vers le nord est le plus souvent très défavorable; l'inclinaison vers le midi, au contraire, est généralement la plus favorable.

Lorsqu'une terre n'est inclinée vers aucun des points cardinaux, on dit qu'elle est dans une position horizontale. Les terres qui se trouvent dans cette position produisent toujours des récoltes plus uniformes et plus régulières.

On dit qu'une terre est meuble, lorsqu'elle peut être facilement remuée et qu'elle contient, ainsi qu'une éponge, des espaces vides plus ou moins grands.

Toute terre cultivée doit être meuble, afin de permettre aux plantes d'y enfoncer leurs racines à mesure qu'elles se développent, à l'eau d'y pénétrer facilement et d'y entretenir la fraîcheur nécessaire à la vie des plantes, à l'air et à la chaleur d'y pénétrer également et d'y exercer leur action sur les matières destinées à nourrir les plantes.

4e LECTURE

Labour, hersage et roulage.

On ameublit la terre par les labours. Le labour est une opération qui consiste à remuer et à diviser la terre à l'aide d'un instrument qu'on appelle charrue.

Fig. 1. — Charrue araire, versoir ordinaire.

Nous croyons devoir faire connaître d'abord les espèces principales de labour et indiquer ensuite l'effet produit par ces différents labours.

Relativement à l'épaisseur de terre remuée, le labour qui ne remue pas la terre au delà de 15 centimètres est un labour superficiel; celui qui remue la terre au delà de 15 centimètres s'appelle labour profond.

Les labours profonds peuvent être exécutés de deux manières. La première consiste à remuer d'un seul coup la bande de terre, en ramenant la terre du sous-sol au-dessus du sol. La seconde consiste à remuer la même bande de terre à l'aide de deux charrues qui se suivent; l'une exécute un labour superficiel et l'autre, qui la suit et qu'on appelle fouilleuse (fig. 2), remue la terre au fond de la raie, sans la ramener à la surface.

Relativement à la forme que le labour donne au terrain, on l'appelle labour à plat, labour à planches et labour à billons.

Le labour à plat est celui que le laboureur exécute en commençant par une rive du champ et en revenant toujours sur ses pas, jusqu'à ce qu'il soit arrivé à la rive opposée. Il ne serait pas avantageux d'exécuter ce labour en tournant constamment dans le même sens autour du champ, à moins que celui-ci n'ait qu'une médiocre largeur.

Le labour à planches dispose la terre labourée en bandes plus ou moins larges et séparées par une large raie, qu'on appelle dérayure.

Le labour à billons s'exécute, comme le labour à plat, avec une charrue à deux versoirs, qui rejette la terre des deux côtés et forme à chaque tour une planche étroite, qu'on appelle sillon ou billon. Ce genre de labour peut être exécuté également avec une charrue à un seul versoir.

Selon les saisons dans lesquelles il est exécuté, le labour s'appelle : labour d'hiver, labour de printemps, labour d'été et labour d'automne.

En raison du but que le cultivateur se propose d'atteindre plus spécialement par les labours, ceux-ci s'appellent encore : labours de jachère, labours de défrichement et labours de semailles.

Le labour de jachère s'exécute successivement sur le même champ à divers intervalles de temps, dans le but d'ameublir la terre et de détruire les mauvaises herbes.

Le labour de défrichement est celui qu'on exécute pour retourner et ameublir une terre restée longtemps en friche, comme une bruyère, un bois, une prairie, etc.

Le labour de semailles est celui qui est destiné à recevoir ou à couvrir la semaille du grain.

Ces différents genres de labours ne doivent pas être exécutés indistinctement dans toutes les conditions et offrent des avantages qui sont particuliers à chacun d'eux.

Les labours superficiels servent à enterrer le fumier et à recevoir ou à couvrir les semailles.

Les labours profonds sont les plus avantageux de tous, surtout ceux qui sont exécutés à l'aide d'une charrue fouilleuse (fig. 2). Ces labours préparent la terre à produire d'abondantes récoltes : ils procurent aux racines des plantes une

Fig. 2. — Charrue fouilleuse, avec rouelle.

couche de terre ameublie plus épaisse; ils diminuent, par l'abaissement du plan d'eau, l'humidité des terres imperméables, et maintiennent, par l'ameublissement, une fraîcheur convenable dans les terres trop perméables.

Les labours à plat conviennent aux terres très perméables, qui ne redoutent jamais l'humidité.

Les labours à planches conviennent aux terres moins perméables; la largeur des planches est déterminée par le nombre des dérayures nécessaires à l'écoulement de l'eau.

Les labours à billons conviennent aux terres très humides non drainées. Ils sont également avantageux aux terres pauvres, en augmentant l'épaisseur de la couche de terre occupée par les plantes.

Les labours d'automne et d'hiver ne conviennent nullement aux terres battantes.

Les labours, de quelque nature qu'ils soient, sont toujours mauvais, lorsque la terre est trop humide, ou lorsqu'elle est gelée à la surface.

Le travail de la charrue est rarement suffisant pour ameublir convenablement la terre; ce travail doit être complété par le hersage, opération qui consiste à remuer et à diviser la terre superficiellement à l'aide d'un instrument appelé herse.

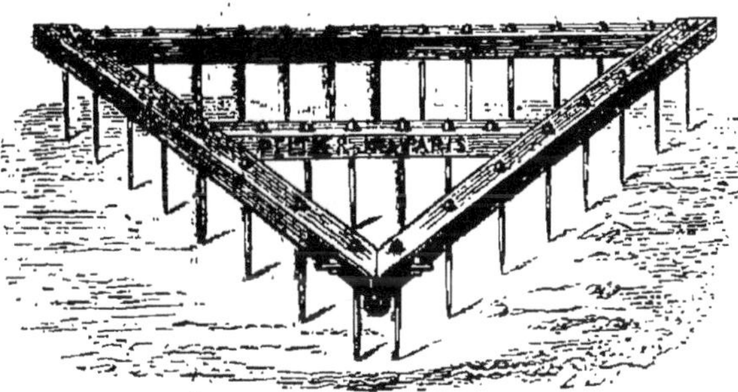

Fig. 3. — Herse triangulaire.

Le hersage a également pour but de couvrir de terre les graines récemment semées.

Les mottes de terre qui n'ont pas été divisées par le hersage, sont ensuite brisées par le roulage, à l'aide de l'instrument appelé rouleau (fig. 4).

Le roulage peut être également utile et suffisant pour enterrer les petites graines. Il a encore pour but, comme nous l'avons dit, de comprimer la terre trop meuble et de lui donner ainsi plus de consistance.

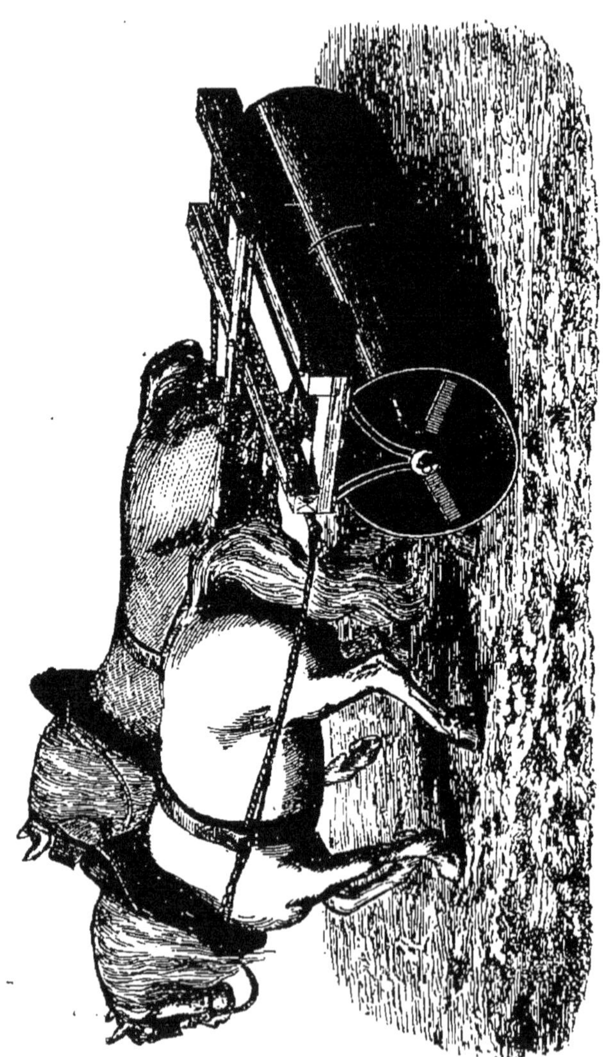

Fig. 4. — Rouleau-plombeur, à cheval.

5e LECTURE

Nettoyage du sol.

Pour que la terre puisse produire d'abondantes récoltes, il ne suffit pas qu'elle soit convenablement ameublie et placée dans de bonnes conditions de fraîcheur, il faut encore qu'elle soit débarrassée, par le nettoyage du sol, des plantes inutiles ou nuisibles, qui poussent spontanément, absorbent la nourriture des plantes utiles et diminuent l'importance des récoltes.

Le nettoyage du sol peut être exécuté de deux manières, soit à l'aide d'instruments soit à la main.

Lorsque la terre est en jachère, on détruit les mauvaises herbes par les labours, par les hersages et surtout à l'aide d'un instrument appelé extirpateur (fig. 5).

Lorsque la terre est occupée par des plantes qui poussent en lignes, on détruit les mauvaises herbes à l'aide d'un instrument appelé houe, binette ou razette (fig. 6), que l'on fait passer entre les lignes.

Lorsque les plantes en végétation ne poussent pas en lignes, on est obligé d'enlever les mauvaises herbes à la main. Le nettoyage exécuté dans ces conditions s'appelle plus généralement sarclage.

Instruments.

Les instruments qui sont employés pour préparer la terre labourable sont les suivants :

L'instrument qui exécute les labours, s'appelle charrue.

Il y a deux genres de charrue : 1° les charrues avec avant-train, c'est-à-dire supportées par une ou par deux roues, et 2° les charrues sans avant-train, qu'on appelle communément araires (fig. 1).

Ces deux genres de charrue, soit avec avant-train, soit sans

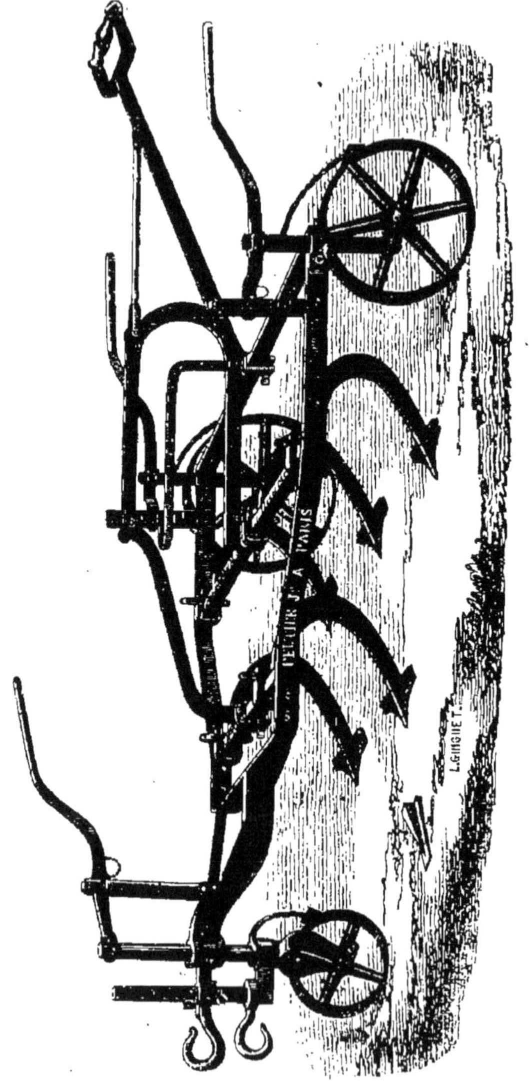

Fig. 5. — Extirpateur-scarificateur.

avant-train, comprennent quatre espèces, suivant leur forme.

1° La charrue tourne-oreille, dont le versoir est mobile et

change de côté au bout de chaque raie. Cette charrue exécute les labours à plat.

Fig. 6. — Houe à cheval.

2° La charrue à un seul versoir fixe, qui exécute les labours à planches.

3° La charrue à double versoir, appelée aussi billonneuse, qui exécute les labours à billon et les buttages.

Fig. 7. — Charrue Brabant.

4° La fouilleuse (fig. 2), qui ameublit la terre au fond de la raie tracée par l'une des trois autres charrues.

L'instrument employé pour le hersage est la herse (fig. 3). Cet instrument est fabriqué et employé sous un grand nombre de formes, depuis les herses les plus légères jusqu'aux herses les plus lourdes. Les herses les plus légères sont en bois et les plus lourdes en fer. La herse qui agit le plus énergiquement et ameublit le sol le plus profondément s'appelle scarificateur.

Il existe deux espèces de rouleau, qui sont : le rouleau simple formé d'une seule pièce et le rouleau articulé, qui est composé de plusieurs parties mobiles. Le rouleau articulé est le plus avantageux, parce qu'il s'adapte à la forme du terrain et qu'il comprime le sol d'une manière uniforme.

Les instruments employés pour le nettoyage du sol sont : la herse, l'extirpateur, la houe à cheval et la binette à main.

On emploie la herse pour détruire la mousse qui envahit les prairies, naturelles ou artificielles.

On emploie l'extirpateur, pour enlever les racines vivaces, comme celles du chiendent, etc.

On se sert de la houe à cheval pour nettoyer toutes les plantes qui poussent en lignes.

La binette à main est employée pour sarcler les plantes au milieu desquelles la houe à cheval ne peut fonctionner.

Nota. — Nous conseillons aux jeunes élèves de bien examiner ces instruments, ainsi que tous ceux qui seront indiqués ultérieurement, dans les expositions qui sont faites fréquemment par les concours agricoles.

6e LECTURE

DEUXIÈME PARTIE

Les engrais.

On appelle engrais toutes les substances qui, par leur mélange avec la terre, contribuent à la nutrition et à l'alimentation des plantes.

Les engrais sont classés d'après les matières dominantes qu'ils renferment; on en forme quatre classes, qui sont : 1o les engrais minéraux; 2° les engrais végétaux; 3° les engrais animaux; 4° les engrais mixtes.

Les engrais minéraux sont tirés du règne minéral, c'est-à-dire du sein de la terre dans certaines contrées, ou fabriqués industriellement.

Les engrais végétaux sont tirés du règne végétal et sont formés des débris des plantes.

Les engrais animaux sont tirés du règne animal; ils sont formés des déjections et des débris des animaux.

Les engrais mixtes sont composés de substances appartenant au règne minéral, au règne végétal et au règne animal. Cette classe comprend particulièrement les engrais qui sont produits par le bétail dans les fermes.

Engrais minéraux.

Les engrais minéraux le plus souvent employés par l'agriculture sont : la chaux, la marne, le plâtre, le phosphate de chaux fossile, le superphosphate de chaux, le sulfate d'ammoniaque, le nitrate de soude et la cendre. Il est important de bien remarquer que ces engrais ne produisent tout leur effet qu'après avoir été complètement pulvérisés.

Chaux. — La chaux est l'oxyde de calcium qui forme la base du sel appelé carbonate de chaux. La craie, les moellons, les roches calcaires sont des carbonates de chaux. Le carbonate de chaux est composé de chaux et d'un gaz appelé acide carbonique. Les pierres calcaires, soumises à la cuisson dans des fours appelés fours à chaux, sont dépouillées de l'acide carbonique et restent à l'état de chaux. L'élimination de l'acide carbonique a pour but et pour effet de rendre les pierres calcaires pulvérisables.

Pour employer la chaux, le plus souvent on la place sur le champ en petits tas à des distances égales; ces tas sont recouverts de terre et, lorsque la chaux est réduite en poussière, on l'écarte sur le champ; on la mélange ensuite avec la terre par les labours et par les hersages.

La chaux convient à toutes les terres qui manquent de calcaire, comme les terres tourbeuses, les terres de bruyère, etc.

Les plantes sur lesquelles la chaux produit le plus d'effet sont les céréales et les légumineuses.

La chaux est un décompositeur énergique des engrais mixtes; c'est pourquoi le cultivateur, en l'employant, doit augmenter la dose du fumier de ferme.

Marne. — La marne est une terre composée de calcaire (carbonate de chaux), d'argile et de sable, dans des proportions très diverses. La meilleure marne est celle qui contient la plus forte proportion de chaux, parce que la marne agit surtout en raison de la quantité de chaux qu'elle renferme.

Pour employer la marne, on la place sur le champ en tas également espacés et non recouverts de terre. Après avoir subi l'action de l'air et de la gelée, la marne se réduit en poussière; on l'étale alors sur le sol et on la mélange avec la terre par les labours et par les hersages.

Elle convient aux terres qui manquent de calcaire, c'est-à-dire aux terres siliceuses, aux terres tourbeuses, aux terres de landes, etc. Les céréales et les légumineuses sont les plantes sur lesquelles elle produit le plus d'effet.

Comme la chaux, la marne est un décompositeur des engrais mixtes; c'est pourquoi le marnage doit être accompagné de fumures plus considérables.

Plâtre. — Le plâtre (sulfate de chaux) est un sel composé de chaux et d'acide sulfurique (soufre à l'état d'acide); on l'appelle encore gypse.

L'agriculture emploie le plâtre cru et le plâtre cuit. La cuisson du plâtre, qui s'opère dans des fours analogues aux fours à chaux, n'a pour effet que de rendre la pulvérisation du plâtre plus facile. Le plâtre cru, également pulvérisé, produit les mêmes effets que le plâtre cuit.

Le plâtre se sème à la volée sur les plantes en végétation qui couvrent le sol. Il convient particulièrement aux légumineuses, sur lesquelles il produit un effet merveilleux.

Il ne produit aucun effet sur les terres humides ni sur les terres pauvres : son effet n'est assuré que sur les terres perméables et fertiles.

7e LECTURE

Phosphate de chaux fossile. — Le phosphate de chaux fossile est un sel composé de chaux et d'acide phosphorique (posphore à l'état d'acide) qui contient en outre de l'argile et de la silice.

On le trouve, sous forme de nodules ou rognons, au sein de la terre dans certaines contrées, où il a été formé très anciennement, à la suite des révolutions subies par le globe terrestre.

On pulvérise le phosphate de chaux fossile en l'écrasant sous des meules en fonte très lourdes.

Pour l'employer, on le sème, soit à la volée, soit avec des semoires mécaniques, en même temps que les semences, sur la terre labourée ou hersée, puis on le mélange avec la terre par les hersages.

Il convient particulièrement aux terres de landes ou de bruyère. C'est grâce à son emploi que le défrichement de ces terres est devenu avantageux.

Les plantes sur lesquelles il produit le meilleur effet sont les céréales et les crucifères.

Superphosphate de chaux. — Il provient du phosphate fossile transformé artificiellement, par l'addition d'un acide, en phosphate acide de chaux et rendu ainsi très soluble. Il est supérieur au phosphate fossile, en ce qu'il peut produire immédiatement un effet plus énergique sur le développement des végétaux. Il agit surtout par son acide phosphorique soluble. Il ne convient qu'aux vieilles terres cultivées et nullement aux terres de landes, qui contiennent assez d'acide pour rendre le phosphate fossile soluble.

Sulfate d'ammoniaque. — C'est un sel soluble formé artificiellement par la combinaison de l'acide sulfurique avec l'ammoniaque, laquelle est composée d'azote et d'hydrogène. Cet engrais agit énergiquement par l'azote soluble contenu dans l'ammoniaque; il ne convient également qu'aux vieilles terres en culture.

Nitrate de soude. — Ce sel s'appelle scientifiquement *azotate de soude.* Il est formé artificiellement par la combinaison de l'acide azotique avec la soude. Il est très soluble et agit énergiquement par l'azote soluble de l'acide azotique. Il ne convient également qu'aux vieilles terres.

Ces trois espèces d'engrais, le superphosphate de chaux, le sulfate d'ammoniaque et le nitrate de soude, appartiennent à la classe des *engrais chimiques* et rendent les plus grands services à l'agriculture, en lui fournissant à l'état soluble deux éléments fertilisants de la plus grande importance, l'azote et le phosphore, et en lui permettant ainsi de compléter la richesse des fumures, aussi bien que de provoquer selon les besoins une végétation rapide.

Cendre. — On appelle cendre l'ensemble des débris minéraux que laissent les végétaux après leur complète combustion.

Les cendres contiennent plusieurs matières minérales, parmi lesquelles dominent la chaux et la potasse. On les trouve à l'état de cendres neuves et à l'état de charrées. Les cendres neuves sont celles qui n'ont servi à aucun usage ; elles sont riches en matières minérales. Les charrées sont les cendres qui ont servi au lessivage du linge ; elles sont moins riches en matières minérales mais contiennent des matières organiques fertilisantes.

On emploie les cendres en les semant à la volée sur la terre labourée et on les mélange avec le sol par les hersages. On les sème également sur les plantes en végétation.

Elles conviennent également aux légumineuses, aux céréales et aux graminées fourragères. Elles peuvent produire des effets opposés sur les prairies naturelles ; elles ne conviennent pas aux prairies hautes, mais sont très favorables aux prairies basses assainies et encore acides, sur lesquelles elles font naître les plantes légumineuses.

8e LECTURE

Engrais végétaux.

Les principaux engrais végétaux employés sont : les plantes cultivées, les plantes marines, les tourteaux et la suie.

Plantes cultivées. — L'emploi des plantes cultivées, comme engrais, constitue ce qu'on appelle la fumure verte ; c'est l'enfouissement de certaines plantes encore vertes dans la terre sur laquelle elles ont végété. Ce genre de fumure est considéré, à tort où à raison, comme équivalant au quart d'une bonne fumure de fumier de ferme.

Les plantes qui sont le plus généralement destinées à former les fumures vertes sont : les crucifères, les légumineuses annuelles, le sarrazin et la moutarde blanche. La dernière pousse des légumineuses vivaces est également très avantageuse comme fumure verte.

Les fumures vertes conviennent à toutes les céréales.

Il faut remarquer d'abord que la fumure verte rend à la terre tous les éléments qu'elle en a tirés et de plus ceux qu'elle a puisés dans l'atmosphère, ensuite qu'elle restitue ces éléments à l'état de matières organiques et accroît ainsi la fertilité en augmentant la proportion d'humus.

Plantes marines. — La principale plante marine employée comme engrais est le goëmon ou varech, qui pousse sur les rochers au sein de la mer et que les vagues rejettent sur le rivage. L'expérience a constaté dans le varech de l'Océan des propriétés fertilisantes, qui n'existent pas dans le varech de la Méditerranée.

On recueille le varech en mars ou en avril. Il peut être employé de plusieurs manières, dont la plus simple consiste à le porter encore vert sur le champ et à l'enterrer, quelques jours après, par un labour.

Tourteaux. — On appelle tourteau, ou pain d'huile, la substance solide que fournissent les graines oléagineuses après l'extraction de l'huile.

Il y a autant d'espèces de tourteaux que d'espèces de graines oléagineuses. Le tourteau le plus généralement employé comme engrais est le tourteau de colza.

Pour l'employer, on le réduit en poudre, on le sème à la volée sur le labour et on le mélange avec la terre par les hersages.

Il convient aux céréales et plus particulièrement aux crucifères, sur toutes les terres qui contiennent du calcaire.

Suie. — La suie est composée presque en totalité de la partie des plantes qui n'a pas été brûlée et qui, enlevée par la fumée, s'attache aux parois des cheminées. Dans la suie se trouvent du charbon et des sels, parmi lesquels figure un sel d'ammoniaque qui contribue à la rendre fertilisante.

Après avoir bien pulvérisé les parties cristallisées et agglomérées de la suie, on la sème à la volée au printemps sur les plantes en végétation.

Elle convient aux céréales, au trèfle, au colza et aux prairies naturelles, sur toutes les terres qui contiennent du calcaire.

9e LECTURE

Engrais animaux.

Les principaux engrais animaux employés par l'agriculture comprennent : les matières fécales, les déjections du mouton au parc, la colombine, la fiente des volailles, le guano, la chair musculaire, le sang, les os, le noir animal et les chiffons de laine.

Matières fécales. — On appelle matières fécales les déjections solides de l'espèce humaine; elles constituent un engrais très riche; à l'état frais, on les appelle gadoue et à l'état sec, on les appelle poudrette.

La gadoue s'emploie, soit en sortant des fosses, soit après avoir fermenté pendant quelques mois. On la répand sur le sol et on la mélange avec la terre par un labour et par les hersages.

Elle produit les meilleurs effets sur les terres calcaires et convient surtout aux plantes industrielles, telles que le lin, le chanvre, le colza, le pavot et le tabac.

Les matières fécales amenées à l'état sec sont réduites en poudre, c'est-à-dire en poudrette.

La poudrette se sème à la volée sur le labour de semaille et est mélangée avec la terre par les hersages.

Elle produit un bon effet sur toute espèce de terre: elle convient à toutes les céréales, aux crucifères et aux plantes industrielles.

Parcage. — Le parcage consiste à appliquer directement sur le sol les déjections solides et liquides des moutons, qu'on retient au parc, en plein air, pendant la nuit et pendant la grande chaleur du jour.

Le parcage produit un engrais très riche et très énergique; il permet en outre d'économiser la litière et le transport du fumier.

L'engrais fourni par le parcage doit être enterré le plus tôt possible par un labour superficiel.

Le parcage produit le meilleur effet sur les terres perméables, qui contiennent du calcaire; il serait nuisible sur les terres compactes et humides; il convient aux céréales et aux crucifères.

Colombine. — On appelle colombine la fiente de pigeon qu'on recueille dans les colombiers; c'est un engrais très énergique.

Après l'avoir retirée du colombier, on la tient à l'abri sous un hangar et on l'écrase avec le fléau, pour la pulvériser. On la sème au printemps, ou à l'automne, sur la terre labourée et on la mélange avec le sol par les hersages; elle peut aussi être semée sur les plantes en végétation.

Elle produit le meilleur effet sur les terres argileuses, froides et humides; elle convient aux céréales, aux plantes industrielles et aux prairies naturelles.

La fiente des volailles est préparée et employée absolument comme la colombine.

Guano. — Le guano est un engrais riche et énergique, formé par les excréments d'oiseaux marins. On le trouve dans les îles du Pérou, d'où il est transporté en Europe.

S'il n'est pas complètement pulvérisé, on écrase les grumeaux qu'il contient. On le sème à la volée sur le labour avant les semailles et on le mélange immédiatement avec la terre par un hersage; on peut le semer aussi sur les plantes en végétation. Il faut éviter qu'il soit en contact avec les graines de semence, parce que son action corrosive pourrait en altérer les germes.

Il produit un bon effet sur toutes les terres qui conservent une certaine fraîcheur; il est sans effet sur les terres sèches. Il convient à toutes les céréales, aux crucifères et aux prairies naturelles; il produit peu d'effet sur les légumineuses.

Chair. — La chair musculaire, qui est employée comme engrais, provient des animaux morts et de ceux qui sont abattus dans les chantiers d'équarrissage.

On l'emploie de deux manières : chaulée ou desséchée.

Pour l'employer chaulée, on la mélange d'abord avec de la chaux vive; on laisse le tout fermenter pendant un ou deux mois; puis on répand ce mélange sur le labour ou sur les plantes en végétation.

Pour être employée à l'état sec, elle est desséchée dans une étuve, puis réduite en poudre; on la sème à la volée également sur le labour, ou sur les plantes en végétation.

La chair chaulée ou desséchée convient aux plantes industrielles et aux fourrages-racines sur les terres perméables et légères.

10e LECTURE

Sang. — Le sang, qui est employé comme engrais, provient de l'abatage des animaux dans les chantiers d'équarrissage et dans les abattoirs de boucherie; c'est un engrais très riche.

On l'emploie à l'état frais et à l'état sec.

Pour l'employer à l'état frais, on le mélange avec cinq ou six fois son volume de terre, on l'étend ensuite sur le sol et on l'enterre par un labour.

Pour employer le sang à l'état sec, on en retire d'abord la partie solide par le repos et par la décantation. La partie solide, desséchée à l'étuve et réduite en poussière, est semée à la volée sur le labour et mélangée avec la terre par un hersage.

Le sang ne convient qu'aux plantes industrielles et aux fourrages-racines d'une végétation rapide, sur les terres perméables et légères.

Os. — Les os, qui sont employés comme engrais, proviennent de la charpente osseuse des animaux d'équarrissage ou d'abattoir.

Pour les employer, on les pulvérise, on les sème ensuite sur le labour à la volée et on les enterre par des hersages.

La poudre d'os produit son meilleur effet sur les terres sèches; elle convient surtout aux crucifères; mélangée avec le fumier de ferme, elle convient très bien aux céréales.

Noir animal. — On appelle noir animal les os qui ont été réduits en charbon et que, pour cette raison, on appelle encore charbon d'os.

On emploie le noir animal comme engrais lorsqu'il a été pulvérisé et après qu'il a servi à la clarification du sirop dans les sucreries; dans cet état, il s'appelle encore noir de raffinerie.

On sème le noir animal à la volée sur le labour de semaille

et on le mélange avec la terre par des hersages. On s'en sert aussi pour *praliner* les graines de semence.

Il produit ses meilleurs effets sur le défrichement des terres de landes ou de bruyères; il est également efficace sur les terres humides ou fraîches, qui manquent de calcaire; mais il est sans effet sur les terres calcaires et sur les terres sèches. Il convient à peu près à toutes les plantes.

Nous devons faire remarquer ici que l'emploi répété du noir animal, sans le fumier de ferme, épuise promptement la terre et peut amener la ruine du cultivateur.

Le noir vierge, c'est-à-dire qui n'a pas servi à la clarification du sirop, est d'un prix trop élevé pour pouvoir être utilisé avantageusement comme engrais. Nous devons ajouter d'ailleurs qu'il est beaucoup plus épuisant que le noir de raffinerie.

Chiffons de laine. — On appelle chiffons de laine les débris des vêtements en laine qui sont hors de service; ils constituent un engrais très riche.

Pour les employer, on les divise le plus possible, on les écarte le plus également possible sur le sol et on les enterre par un labour.

C'est sur les terres siliceuses perméables qu'ils produisent le plus d'effet; ils conviennent plus particulièrement aux plantes vivaces, parce qu'ils se décomposent lentement et parce que leur action fertilisante dure longtemps.

Nota. — En terminant la liste des principales matières animales employées comme engrais, nous croyons devoir recommander aux cultivateurs d'utiliser tous les débris de cette nature qui se rencontrent dans la ferme. Les matières fécales de tout le personnel de la ferme doivent être recueillies avec soin et versées dans la fosse à purin. Les cadavres des petits animaux, des chiens, des chats, des volailles, etc., doivent être ajoutés au tas de fumier, ou au compost, dont nous parlerons bientôt.

11e LECTURE

Engrais mixtes.

Comme nous l'avons dit plus haut, l'engrais mixte est un mélange d'engrais minéraux, végétaux et animaux; ce mélange est représenté par le fumier de ferme, qui est formé de substances végétales et animales, toujours additionnées de matières minérales.

Le fumier de ferme est le résultat de l'association de certaines matières végétales et des déjections solides et liquides du bétail. On l'obtient en plaçant sous les animaux, pendant leur séjour dans les logements, ce qu'on appelle la litière. La litière est le lit des animaux; elle est généralement composée de paille et leur fournit un coucher doux et sec en même temps qu'elle absorbe leurs déjections.

Les quatre espèces d'animaux entretenues dans la ferme produisent quatre espèces de fumier.

Le fumier de cheval est le plus léger; il agit très promptement, parce qu'il s'échauffe très facilement. Il convient aux terres compactes, froides et humides.

Le fumier des bêtes à cornes est plus lourd; il est beaucoup moins actif, mais dure plus longtemps. Il convient aux terres légères, sèches, calcaires ou brûlantes.

Le fumier de mouton est moins chaud que le fumier de cheval et aussi actif; il agit aussi longtemps que le fumier des bêtes à cornes. Il convient aux terres compactes et aux terres calcaires.

Le fumier des porcs mal nourris est froid et peu fertilisant; il ne peut être employé seul. Les porcs bien nourris et bien soignés produisent un fumier fertilisant, qui peut être employé seul sur les terres siliceuses ou calcaires.

On appelle fumier frais ou fumier long celui qui sort des

étables. Le fumier, qui a été conservé longtemps et qui s'est notablement décomposé, s'appelle fumier court, fumier gras, ou beurre noir.

Fumier normal.

On appelle fumier normal ou fumier de ferme, celui qui est formé du mélange des quatre espèces de fumier dont nous venons de parler : tel est le fumier qui est le plus généralement produit dans les fermes. Le fumier normal offre l'avantage de réunir les qualités des quatre espèces, sans en avoir les inconvénients.

La production du fumier comprend trois points également importants : 1° la fabrication du fumier sous les animaux; 2° son mélange et sa conservation hors des étables; 3° son application sur le sol.

1° La fabrication économique du fumier sous le bétail exige d'abord que le sol du logement soit imperméable, afin qu'aucune partie des déjections ne puisse être perdue. En second lieu, les animaux doivent être toujours pourvus d'une quantité suffisante de litière, pour être tenus proprement et pour que leurs déjections liquides soient absorbées par la litière. En troisième lieu, lorsque les urines ne peuvent être absorbées en totalité par la litière, il faut pratiquer sur le sol de petites rigoles qui les conduisent au dehors dans un réservoir appelé fosse à purin.

Le fumier de cheval et celui des bêtes à cornes peut séjourner pendant quelques jours sous les animaux tenus proprement; néanmoins, au point de vue de la santé des animaux, il est préférable que le fumier soit enlevé tous les jours.

Le fumier de porc peut, sans inconvénient, séjourner pendant une huitaine de jours sous les animaux bien soignés. Le fumier de mouton peut séjourner pendant un, deux ou trois mois dans la bergerie.

Lorsqu'on enlève le fumier des logements, on doit mettre de côté la partie de la litière qui est sèche et qui peut encore servir à la nouvelle litière. On enlève ensuite le fumier en totalité, en ayant soin de bien balayer le sol pour ne rien perdre et pour assurer la propreté des logements.

Le fumier sorti des logements est ensuite mélangé et conservé, soit sur une plate-forme, soit dans une fosse disposée à cet effet.

La plate-forme doit être sur un sol imperméable à l'eau du fumier, c'est-à-dire au purin; elle doit être entourée d'une petite levée, qui empêche le purin de s'écouler au dehors et en même temps l'eau des toits et de la cour de pénétrer sur la plate-forme; elle doit en outre être attenante au réservoir destiné à recevoir le purin, que, pour cela, on appelle fosse à purin.

Lorsqu'une fosse remplace la plate-forme, le fond doit en être incliné en pente douce; il doit être étanche, ainsi que les côtés de la fosse; l'eau des toits et de la cour ne doit pas y pénétrer et le fond de la fosse à fumier doit communiquer avec une fosse à purin.

A mesure que le fumier sort des logements, on le place, soit sur la plate-forme, soit dans la fosse, en couches uniformes, en ayant soin de faire alterner les diverses espèces de fumier, ce qui en fait immédiatement le mélange; puis on le tasse le plus énergiquement possible, afin que l'air ne pénètre pas dans la masse.

Pour conserver le fumier ainsi placé, il faut veiller bien soigneusement à ce qu'il ne s'échauffe pas trop, parce qu'en s'échauffant il se décompose et perd ses parties les plus fertilisantes; le fumier échauffé prend le blanc, c'est-à-dire qu'il moisit et que, dans cet état, il devient à peu près sans valeur. Lorsque le fumier s'échauffe, il faut l'arroser de purin à l'aide d'une pompe plongée dans la fosse à purin, puis le tasser de nouveau très énergiquement.

Le fumier normal est employé généralement lorsqu'il est à moitié décomposé. On le transporte aux champs aux différentes époques auxquelles les cultures le réclament; on le place sur le sol en petits tas appelés fumerons et également distants, on l'écarte le plus uniformément possible et on l'enterre par un labour.

On appelle fumure en couverture celle qui est appliquée

sur des plantes en végétation et qui n'est pas enterrée par la charrue. Elle convient aux prairies naturelles, aux légumineuses des prairies artificielles, comme au trèfle et à la luzerne; elle convient aussi aux céréales d'automne.

L'importance d'une fumure est évaluée d'après le nombre de mille kilogrammes de fumier qu'on applique par hectare.

Il n'est pas utile d'appliquer la fumure à chaque plante cultivée dans l'année; appliquée à la culture d'une plante, elle continue de produire son effet, pendant un certain temps, sur celles qui lui succèdent.

Le fumier normal produit un excellent effet sur toute espèce de terre. On applique la fumure en grande quantité aux terres fortes, où son action s'y montre plus persistante. Aux terres légères on l'applique en faible quantité qu'on renouvelle plus souvent.

Le fumier normal convient à toute espèce de terre. — Toutefois, sur les terres fertiles, il n'est pas avantageux de l'appliquer aux plantes qui craignent la verse, comme les céréales; dans ce cas, on l'applique aux fourrages-racines ou aux fourrages verts, qui précèdent les céréales. Sur les terres pauvres, on peut appliquer le fumier normal à toute espèce de plante.

12e LECTURE

Purin et compost.

Le purin est un engrais très efficace, parce qu'il renferme, à l'état de dissolution, une partie des matières les plus fertilisantes du fumier. On l'emploie pour arroser au printemps les prairies naturelles et les fourrages artificiels, comme la luzerne, le trèfle, etc., sur lesquels il produit un effet merveilleux.

On appelle compost un mélange de matières minérales, végétales et animales qui, après un certain degré de décomposition, forment un terreau très fertilisant.

La formation des composts est très avantageuse, en ce qu'elle permet au cultivateur de tirer un très bon parti d'une infinité de matières qui sont presque sans valeur. Les substances qui entrent dans la formation des composts, sont :

Pour les matières minérales, les boues des routes, des chemins et des cours, les curures des fossés, des mares et des rivières, la cendre, la marne, la chaux, les plâtras, les décombres, etc.

Pour les matières végétales, les mauvaises herbes de toute nature, les gazons, les feuilles d'arbres, le tan, le marc de pomme et de raisin, la tourbe, les déchets de grange et de grenier, etc.

Pour les matières animales, les matières fécales, les débris des petits animaux morts, les plumes avariées, les chiffons de laine, la vieille bourre, etc.

On forme le compost en superposant, par couches alternatives, les substances qu'on veut mélanger, jusqu'à une hauteur de un à deux mètres. Pour favoriser la décomposition, on remue plusieurs fois le tas ainsi obtenu, jusqu'à ce que les matières soient arrivées au degré convenable de décomposition, ce qui n'a lieu qu'après 4 ou 5 mois.

On emploie le terreau des composts en l'épandant à la pelle le plus uniformément possible sur le sol. Il convient aux prairies naturelles et artificielles ; il convient aussi à la culture du lin, du chanvre et du tabac.

Instruments particuliers aux engrais.

Les instruments qui sont le plus communément employés dans toutes les manipulations du fumier sont : la fourche, le crochet et la pelle.

Ceux qui servent au transport du fumier des écuries à la plate-forme ou à la fosse à fumier sont : la brouette, la civière et le traîneau.

Pour le transport du fumier dans les champs, on se sert particulièrement du tombereau à deux ou à quatre roues.

Le purin est transporté et répandu sur le sol à l'aide du

tonneau à purin, lequel ressemble aux tonneaux qui servent à l'arrosage des voies publiques.

L'épandage des engrais pulvérisés qu'on sème à la volée peut se faire également à l'aide des semoirs mécaniques.

13e LECTURE

TROISIÈME PARTIE

Culture et récolte des plantes.

Les plantes agricoles peuvent être divisées en six groupes, qui sont : 1° les plantes industrielles ; 2° les céréales ; 3° les légumineuses ; 4° les plantes à racines charnues ; 5° les graminées fourragères, et 6° le groupe des plantes diverses.

On appelle plantes industrielles celles qui peuvent être plus particulièrement utilisées par les industries. Les principales sont : le lin et le chanvre, qui produisent le fil et la corde ; la cameline, le colza, la navette et le pavot ou œillette, qui produisent de l'huile ; la gaude, le pastel et le safran, qui servent à la teinture ; ce sont encore la cardère, la chicorée à café, le houblon et le tabac.

Les céréales sont celles des plantes graminées qui, converties en farine, peuvent servir de nourriture à l'homme. Ce sont : le blé d'hiver et celui de printemps ; le seigle d'hiver et celui de printemps, l'orge d'hiver ou escourgeon et celle de printemps ; l'avoine d'hiver et celle de printemps ; l'épeautre, le maïs ou blé de Turquie et le millet.

Les légumineuses sont les plantes qui produisent leurs graines dans une gousse appelée *légume*. Les principales sont : la fève ou fèverolle, le haricot, le pois, la vesce, la lentille, le lentillon, le lupin, le lotier, la luzerne, le sainfoin, la lupuline ou minette, le trèfle rouge, le trèfle blanc, le trèfle incarnat ou farouch, le mélilot, la serradelle et la jarosse.

Les plantes à racines charnues sont celles que l'on utilise plus particulièrement pour leurs racines, qui acquièrent un grand développement. Les principales sont : la betterave, la carotte, le chou-navet, le chou-rave, le nabusseau, le navet, le panais, la pomme de terre, la rave, le rutabaga, le topinambour appelé aussi canada.

On appelle graminées fourragères les herbes qui forment les gazons et les prairies. Celles que l'agriculture utilise le plus généralement sont : le dactyle pelotonné, la houlque, la cretelle, la fétuque, la flouve odorante, le fromental ou avoine élevée, le brome des prés, l'alpiste, le moha de Hongrie, le paturin, le ray-grass, le timothy ou fléole des prés et le vulpin.

Les plantes diverses qui forment le sixième groupe et qui n'appartiennent pas aux groupes précédents, sont : le chou, la moutarde blanche, la pimprenelle et la chicorée sauvage. Ces plantes pourraient être appelées plantes potagères de la grande culture.

On appelle plantes annuelles celles dont la vie ne dure pas plus d'un an, comme le blé, l'avoine, la vesce, le haricot, etc.

On appelle plantes bisannuelles celles dont la vie ne dure pas plus de deux ans, comme la betterave, la carotte, etc.

On appelle plantes vivaces celles dont la vie dure plusieurs années, comme la luzerne, le sainfoin et la plupart des graminées fourragères.

Systèmes de culture.

Les plantes cultivées peuvent être obtenues par deux systèmes de culture différant par la quantité de travail et d'engrais dont le cultivateur peut disposer. Ces deux systèmes sont : la culture intensive et la culture extensive.

La méthode du cultivateur qui fait de la culture intensive consiste à consacrer le plus de travail et le plus d'engrais possible à une étendue de terrain restreinte, en exécutant les labours profonds et en chargeant la terre continuellement de récolte, sans la laisser jamais en repos.

La méthode du cultivateur qui fait de la culture extensive consiste à consacrer peu de travail et peu d'engrais à une grande étendue de terrain, en exécutant des labours peu profonds, en demandant à la terre de médiocres récoltes et en la laissant ensuite reposer, pendant qu'elle produit un maigre pâturage.

Le système intensif est incontestablement le plus productif, mais il exige un gros capital; lorsque le cultivateur n'en est pas suffisamment pourvu, il est beaucoup plus avantageux pour lui d'appliquer le système extensif.

14e LECTURE

Rotation et Assolement.

On appelle rotation l'ordre régulier d'après lequel certaines plantes déterminées se succèdent sur un même champ. Lorsque, par exemple, on cultive sur un même champ et successivement, d'abord des betteraves, ensuite de l'avoine, puis après l'avoine un trèfle et enfin après le trèfle un blé, on établit une rotation de quatre récoltes; c'est la première rotation. En cultivant de nouveau ces quatre mêmes plantes sur le même champ et dans le même ordre, on a la deuxième rotation. Il en est ainsi successivement pour les rotations suivantes.

On appelle assolement la division des terres labourables d'une ferme en autant de parties égales que la rotation adoptée comprend d'années, et chacune de ces parties s'appelle *sole*. Si, par exemple, on adoptait la rotation des quatre récoltes dont nous venons de parler, comme la durée de cette rotation est de 4 ans, on partagerait les terres du domaine en 4 parties égales, c'est-à-dire en 4 soles, et on établirait un assolement de 4 ans.

On confond généralement la rotation avec l'assolement; mais

c'est à tort, puisque la rotation peut comprendre plus de récoltes que sa durée ne comprend d'années. Soit comme exemple l'assolement suivant : 1re année, pommes de terre; 2e année, blé; 3e année, trèfle; 4e année, blé, puis navets récoltés après le blé dans la même année; 5e année, avoine. La durée de cet assolement est de 5 ans et la rotation comprend 6 récoltes. La récolte des navets, faite à la suite du blé la 4e année, s'appelle récolte dérobée. Ce genre de récolte est très fréquent dans la culture intensive.

On attache une grande importance à l'établissement judicieux de la rotation, parce que les plantes elles-mêmes, en raison de leurs manières d'être toutes différentes et en raison des façons culturales qu'elles reçoivent, peuvent contribuer à rendre les produits de la culture plus réguliers et plus abondants.

On appelle plantes nettoyantes celles qui, par le développement de leurs feuilles nombreuses et abondantes, étouffent les mauvaises herbes, comme les pois, les vesces, etc. Sont également nettoyantes toutes les plantes binées et piochées.

Les plantes salissantes sont celles qui favorisent le développement et la multiplication des mauvaises herbes; telles sont les céréales, qu'on récolte en graine.

Quoiqu'il doive être admis que toutes les plantes sont épuisantes, on reconnaît néanmoins comme plantes améliorantes celles qui, par l'étendue considérable de leurs racines, puisent leur nourriture dans les profondeurs du sous-sol et abandonnent à la couche labourable de nombreux débris par leurs feuilles tombées et par leurs racines; telles sont les légumineuses vivaces, etc.

Par contre, on considère comme épuisantes les plantes dont les racines ne s'étendent pas au-dessous de la couche labourée; telles sont les céréales, etc.

On obtient de la rotation le résultat le plus avantageux par l'alternance des récoltes.

L'alternat consiste à placer, dans la rotation, les unes à la suite des autres, des plantes qui ont des propriétés opposées, par exemple une plante nettoyante à la suite d'une plante salissante, une plante améliorante à la suite d'une plante épuisante.

L'alternat est très important, parce qu'il est la condition indispensable d'une bonne rotation et d'un bon assolement. Par la culture des plantes nettoyantes, le cultivateur économise du travail et, par la culture des plantes améliorantes, il économise des engrais.

L'alternat a beaucoup moins d'importance lorsque le cultivateur peut avoir le travail et les engrais à très bas prix.

Dans le choix des plantes qui doivent former la rotation, il faut encore considérer la fertilité et la nature du sol et le climat du lieu.

En ce qui concerne la fertilité du sol, il est évident que la rotation d'une terre pauvre ne peut pas être la même que celle d'une terre fertile. Ainsi, le cultivateur qui ferait entrer des plantes industrielles dans la rotation d'une terre pauvre, aurait beaucoup plus de chance de s'appauvrir que de s'enrichir.

Relativement à la nature du sol, il faut considérer que certaines plantes viennent mieux sur les terres siliceuses, d'autres sur les terres calcaires et d'autres sur les terres argileuses. Si l'on veut obtenir le plus grand produit d'une plante, il faut la cultiver sur le terrain qui lui convient.

Il en est du climat comme de la nature du sol, c'est-à-dire que certaines plantes viennent bien sous un climat sec et chaud, d'autres sous un climat froid et humide et d'autres sous un climat brumeux et tempéré. A ce sujet, nous devons dire qu'il est bien difficile d'acclimater les plantes, car il arrive souvent qu'elles sont détruites complètement, soit par un hiver très rigoureux, soit par une sécheresse excessive.

L'exposé que nous venons de faire de la rotation et de l'assolement concerne les terres depuis longtemps en culture. Les terres de landes ou de bruyère récemment défrichées méritent aussi l'attention du cultivateur relativement à la rotation qui leur convient, selon qu'elles sont plus ou moins fertiles.

Aux terres de landes argilo-siliceuses très riches convient la rotation suivante : première récolte, colza; deuxième, blé; troisième, vesce et avoine mélangées. Après quoi elles peuvent passer dans l'assolement des vieilles terres, après avoir été marnées ou chaulées.

Aux terres de landes silico-argileuses de moyenne fertilité convient la rotation suivante : première récolte, seigle ; deuxième avoine ; troisième, herbage composé de ray-grass, de timothy, de trèfle blanc et de houlque laineuse, pendant trois ans. Après quoi, elles peuvent passer dans l'assolement des vieilles terres, après avoir été marnées ou chaulées.

Il n'est pas avantageux de mettre en culture régulière les terres de landes siliceuses pauvres. Ces terres doivent être converties en bois après avoir subi la rotation suivante : première récolte, seigle ; deuxième, avoine ; troisième, sarrazin. En même temps qu'on sème la graine de sarrazin, on sème la graine du pin silvestre, qui convient le mieux à ces terres pauvres.

Il importe ici de bien remarquer qu'à chaque culture faite sur les terres de landes ou de bruyère, avant le marnage, le chaulage ou la conversion en bois, on doit appliquer le phosphate de chaux fossile : c'est là une condition essentielle du succès.

Les plantes qui réussisent sur les terres de landes ou de bruyère, avant le marnage ou le chaulage, sont les suivantes :

Parmi les céréales, le blé, le seigle, l'avoine et le sarrazin.

Parmi les légumineuses, la vesce, la fève ou féverolle et le trèfle blanc.

Parmi les crucifères, c'est-à-dire les plantes dont la fleur a la forme d'une croix, le chou à vaches, le chou-navet, le chou-rutabaga, le colza, la rave, le navet, la navette et la moutarde blanche.

Parmi les graminées, le ray-grass d'Italie, le ray-grass anglais ou commun, la houlque laineuse ; le timothy ou fléole des prés et le dactyle pelotonné.

15e LECTURE

Semailles.

On appelle semaille l'opération qui consiste à mettre en terre les graines des plantes qu'on veut cultiver et récolter.

Deux méthodes sont employées pour exécuter les semailles. L'une consiste à semer les graines avec la main; c'est ce qu'on appelle semaille à la volée. L'autre consiste à semer les graines à l'aide d'instruments appelés semoirs mécaniques.

Les semoirs mécaniques offrent de nombreux avantages; ils permettent de cultiver les plantes en lignes; ils placent les graines à une profondeur convenable dans la terre et économisent de la semence.

Les semailles peuvent être encore divisées en semailles de grosses graines, et semailles de petites graines. Les grosses graines comme celles de blé, de seigle, de pois, de vesce, etc., doivent être enterrées à une profondeur de 3 à 5 centimètres et recouvertes, soit par un labour superficiel, soit par des hersages croisés.

Les petites graines, comme celles de luzerne, de trèfle, de colza, etc., doivent être enterrées très superficiellement par un hersage léger, par une bourrée d'épine ou par un simple coup de rouleau. Une pluie suffit souvent pour les enterrer convenablement.

Les graines destinées aux semailles ne doivent pas être prises au hasard; elles doivent être choisies avec le plus grand soin; les meilleures sont celles qui proviennent de la dernière récolte, qui ont été recueillies en parfaite maturité et qui sont débarrassées de toute espèce de graine étrangère.

Pour obtenir les graines de céréales, de tous les procédés que nous avons employés, celui qui nous a paru le meilleur est le lançage. Le lanceur, à l'aide d'une pelle, projette le grain en l'air et en demi-cercle, soit sur une toile, soit sur l'aire de la grange. Les grains les plus éloignés du lanceur et qu'on appelle la tête, sont les plus lourds et les plus mûrs ; ils constituent la meilleure semence. C'est par ce procédé que Bobée de Chenailles était arrivé à créer une variété d'avoine très recherchée, appelée depuis avoine de Chenailles.

Toutes les graines ne peuvent pas être semées sans préparation. Ainsi les graines de blé et de moha, qui sont le plus souvent atteintes par deux champignons qu'on appelle la carie et le charbon, doivent être trempées, soit dans un lait de chaux, soit dans une dissolution de sulfate de cuivre (vitriol bleu). Ce trempage a pour effet de détruire les champignons qui, sans cela, se transmettraient à la récolte suivante.

16e LECTURE

Cultures. — Culture des plantes industrielles.

Le chanvre aime une terre franche ou légère. Il peut se cultiver continuellement sur le même champ, avec une bonne fumure et à la suite de trois labours. On le sème en mai, à raison de 4 ou 6 hectolitres par hectare, et on le récolte lorsque la graine est mûre.

Le lin aime une terre franche, très propre et très fertile. Il vient après une avoine, après un trèfle, ou après une récolte piochée, qui a été bien fumée. On le sème en mars, sur une terre bien ameublie et bien émiettée, à raison de 130 à 250 litres par hectare. On le récolte généralement en juillet.

Le colza d'hiver aime une terre un peu argileuse, profonde et très fertile. Il vient bien sur la jachère, ou à la suite de fourrages verts récoltés en mai. On le sème à demeure en juillet, à raison de 12 à 15 litres par hectare. Il produit beaucoup plus lorsqu'on le sème en pépinière en juillet et qu'on le repique en septembre ou en octobre. On le récolte en juillet l'année suivante.

Le colza de printemps ne doit être cultivé que pour remplacer le colza d'hiver manqué. On le sème toujours à demeure en mai et on le récolte en septembre. Il produit beaucoup moins que le colza d'hiver.

La navette d'hiver ou rabette aime une terre légère et très fertile; elle résiste mieux que le colza aux froids rigoureux. On ne la sème qu'à demeure à la fin de juillet, à raison de 8 à 10 litres par hectare. On la récolte à la fin de juin de l'année suivante.

La navette de printemps se cultive comme le colza de printemps; elle ne sert qu'à remplacer un colza d'hiver ou une navette d'hiver manqués. On la sème à demeure en mai et juin et on la récolte en septembre.

La cameline ou camomille est plus rustique et moins exigeante que le colza de printemps. Elle se cultive de la même manière. On la sème en mai et juin et on la récolte en septembre.

Le pavot ou œillette exige une terre un peu légère et très fertile. Il vient bien à la suite d'une culture de pommes de terre bien fumée. On le sème le plus tôt possible après l'hiver, sur une terre bien émiettée, à raison de 4 à 5 litres par hectare et on le récolte vers la fin de juillet.

La gaude d'hiver aime une terre légère et très fertile. On la sème en août à raison de 5 à 6 kilogrammes par hectare, et on la récolte l'année suivante au commencement de juillet.

La gaude de printemps a les mêmes exigences que la gaude d'hiver. Elle n'occupe le terrain que de mars en septembre, mais elle produit beaucoup moins.

Le pastel aime une terre très profonde et très fertile; il vient bien à la suite d'une récolte piochée et bien fumée. On le sème en mars à raison de 10 à 12 kilogrammes par hectare. On fait la première récolte des feuilles en juillet et la deuxième en août. Le pastel, cultivé comme fourrage, produit un excellent pâturage pour les moutons.

Le safran exige une terre argilo-calcaire bien ameublie et d'une fertilité ancienne. Les bulbes ou oignons de safran se plantent en lignes en août, à raison de 18 hectolitres par hectare et produisent quelques fleurs en octobre de la même année. La principale récolte des fleurs a lieu en octobre de la deuxième année.

La cardère ou chardon à foulon aime une terre forte, profonde, et n'exige pas une très grande fertilité. On peut semer la graine à demeure en avril, à raison de 8 à 10 litres par hectare; les têtes sont récoltées en août de l'année suivante. On peut aussi la semer en pépinière en juin, repiquer le plant en septembre, comme celui du colza, et récolter les têtes également en août de l'année suivante.

La chicorée à café aime une terre un peu argileuse sans humidité, très profonde et fertile. On la sème en avril à raison de 4 à 5 kilogrammes par hectare et on en récolte les racines en octobre suivant.

Le houblon exige une terre profonde, perméable et fertile. On le multiplie par drageons, rejetons ou replants, qu'on détache des racines des vieilles houblonnières et qu'on plante deux à deux, en avril, à 2 mètres d'intervalle en tous sens, sur une terre profondément ameublie et bien fumée. Aussitôt que les pousses paraissent, on plante à côté de chaque groupe de drageons une longue perche, autour de laquelle s'enroulent les tiges de houblon. Les tiges de la première année ne produisent pas encore de fleurs; elles sont taillées en mars l'année suivante et les nouvelles tiges qui en proviennent produisent des fleurs; les cônes qui succèdent à ces fleurs sont recueillis avec un soin tout particulier vers le commencement de septembre.

Le tabac exige une terre fraîche, profonde et très fertile. La graine est semée en pépinière et sur couche à la fin de mars. On repique les plants en mai sur une terre bien ameublie et bien fumée. Les feuilles sont récoltées en septembre, lorsqu'elles présentent une teinte presque jaune et qu'elles exhalent une odeur piquante.

17e LECTURE

Culture des céréales.

Le blé ou froment d'hiver se cultive de préférence sur les terres franches. Sa place est sur la jachère, ou après une plante améliorante ou nettoyante. On le sème depuis septembre jusqu'en décembre à raison de 200 litres par hectare et on le récolte vers la fin de juillet ou en août de l'année suivante.

Le blé de mars ou de printemps est plus exigeant que le blé d'hiver et donne un produit moins considérable. Il est cultivé en remplacement d'un blé d'hiver manqué. On le sème en février ou en mars à raison de 200 litres par hectare et on le récolte en août suivant.

Le seigle d'hiver préfère une terre légère; il est moins exigeant que le blé; il peut être cultivé deux fois de suite sur le même champ avec une faible fumure. On le sème en septembre et octobre à raison de 200 litres par hectare et on le récolte en juillet de l'année suivante.

Le seigle de mars est au seigle d'hiver ce que le blé de mars est au blé d'hiver; il est plus exigeant et donne un produit plus faible. On le sème en février et on le récolte en juillet, comme le seigle d'hiver.

Le méteil est un mélange de blé et de seigle dans diverses proportions. Ce mélange convient aux terres qui manquent de consistance pour produire avantageusement du blé, et qui ne sont pas assez légères pour ne produire que du seigle pur. Dans la rotation, le méteil doit occuper la place du blé. On le sème à raison de 200 litres par hectare vers le commencement d'octobre, et on le récolte lorsque le seigle est en parfaite maturité, vers le commencement d'août de l'année suivante.

L'épeautre, ou blé vêtu, diffère du blé en ce que son grain

reste attaché à la balle, appelée écale. Il aime une terre légère ; sa place, dans la rotation, est celle du blé et du seigle. On le sème depuis septembre jusqu'en décembre à raison de 400 à 500 litres par hectare. On le récolte en août de l'année suivante.

L'orge d'hiver, ou escourgeon, aime une bonne terre franche ou argilo-calcaire, fertile, bien ameublie et bien propre. Elle doit succéder à une plante nettoyante. On la sème à la fin d'août et en septembre à raison de 200 à 300 litres par hectare et on la récolte à la fin de juin de l'année suivante.

L'orge de printemps est aussi exigeante que l'orge d'hiver sur la nature, la propreté et la fertilité du sol. On la sème à raison de 200 litres par hectare, en avril, sur une terre bien ameublie, et on la récolte en août de la même année.

L'avoine d'hiver est peu exigeante sur la nature et sur la fertilité du sol, mais elle redoute les hivers rigoureux. On la sème en septembre, à raison de 200 litres par hectare, et on la récolte en juillet l'année suivante.

L'avoine de printemps préfère une bonne terre franche et néanmoins elle vient encore sur les terres légères. Elle peut venir après toute espèce de récolte et après elle-même. Elle produit beaucoup après une luzerne, un sainfoin, ou un vieux trèfle défriché. On la sème vers la fin de février, s'il est possible, et en mars, à raison de 200 litres par hectare ; on la récolte en août de la même année.

Le maïs, ou blé de Turquie aime une terre de consistance moyenne et fertile ; il ne redoute ni la chaleur ni la sécheresse ; il prospère surtout dans les contrées où l'été est chaud. On le récolte en septembre ou en novembre de la même année.

Le millet, ou mil, aime une terre siliceuse légère ; il n'est pas aussi exigeant que le maïs sur la fertilité du sol ni sur la chaleur de l'été. On le sème en mai et on le récolte en août.

Le sarrazin, ou blé noir, quoique appartenant à la famille des polygonées, peut être indiqué à la suite des céréales, en raison de la farine alimentaire que fournit son grain. Il vient mal sur les terres argileuses. Il aime les terres siliceuses un peu fraîches et n'exige pas une grande fertilité. C'est la plante providentielle des terres pauvres. On le sème en juin, à raison de 50 litres par hectare et on le récolte en septembre ou en octobre.

Nota. — A la suite de cet exposé très sommaire concernant la culture des céréales, il est utile de faire remarquer que les céréales cultivées en lignes et binées absorbent d'abord moins de semence et donnent ensuite des produits plus considérables. Lorsque les céréales d'hiver ont été déchaussées par la gelée, il convient de tasser le sol par un coup de rouleau énergique après l'hiver. Lorsque, cultivées sur une terre un peu argileuse, elles n'ont pas souffert de la gelée, il convient d'ameublir le sol par un hersage après l'hiver; il n'est pas à craindre que ce hersage détruise les plantes, qui sont alors bien enracinées. Pendant leur végétation, les céréales, de quelque nature qu'elles soient, doivent être sarclées, c'est-à-dire débarrassées de toutes les mauvaises herbes.

18e LECTURE

Culture des légumineuses annuelles.

Parmi les différentes variétés du haricot, le haricot nain est le seul qui soit cultivé en plaine. Il aime une terre légère, un peu calcaire et fertile; sa place est à la suite d'une céréale qui a été fumée. On le sème en lignes dans la première quinzaine de mai, à raison de 100 litres par hectare. On lui donne plusieurs binages et on le récolte en septembre, lorsque les gousses commencent à s'ouvrir.

La féverolle d'hiver aime une terre argileuse, un peu calcaire, fraîche et profonde. Sa place est entre deux céréales. On la sème en octobre, à raison de 250 litres par hectare. Sa graine doit être enterrée à 6 ou 8 centimètres. On la récolte en juillet de l'année suivante.

Ce que nous venons de dire de la féverolle d'hiver s'applique également à la féverolle de printemps. La seule différence qui existe entre elles pour leur culture, c'est que la féverolle de printemps se sème en février ou en mars, qu'elle ne se récolte qu'en septembre et que son produit est moins considérable que celui de la féverolle d'hiver.

Le pois gris d'hiver, appelé aussi bisaille, pois de brebis, pois d'agneau, aime une terre argilo-calcaire fraîche et supporte bien une forte fumure. Sa place est entre deux céréales. On le cultive conjointement avec l'avoine d'hiver ou avec le seigle, dont les tiges lui servent de rames. On le sème en septembre, à raison de 250 litres par hectare et on le récolte en juillet de l'année suivante.

Le pois gris de printemps est connu sous les mêmes noms que le pois gris d'hiver; il se cultive absolument de la même manière, avec cette seule différence qu'on le sème en février, ou seul, ou associé à l'avoine de printemps, et qu'on le récolte en août.

La vesce d'hiver aime une terre un peu légère, un peu calcaire et très perméable. Sa place est entre deux céréales; elle supporte bien une forte fumure. On l'associe à l'avoine d'hiver ou à l'escourgeon. On la sème en septembre à raison de 250 litres par hectare et on la récolte en juillet de l'année suivante.

La vesce de printemps aime une terre un peu compacte, un peu calcaire, très fraîche et fertile. Sa place est aussi entre deux céréales. On l'associe à l'avoine de printemps. On la sème vers la mi-mars, à raison de 250 litres par hectare et on la récolte en juillet de la même année.

La jarosse, appelée aussi jarat, pois cornu, pois carré, gessette, jarosse, petite gesse, gesse chiche, arosse, remplace la vesce d'hiver sur les terres moins fertiles et moins fraîches; elle est plus rustique et supporte mieux le froid et la sécheresse; elle vient sur toute espèce de terre qui n'est pas humide et particulièrement sur la terre calcaire. Elle est cultivée comme la vesce d'hiver, mais son produit est moins considérable.

La gesse, appelée aussi lentille d'Espagne, pois breton, lentille suisse, remplace la vesce de printemps sur les terres légères de médiocre fertilité. Elle est cultivée comme la vesce de printemps, mais son produit est moins considérable.

La lentille ers, aussi appelée lentille ervillon, lentille bâtarde, ers, ervillier-ers, réussit très bien sur les terrains secs calcaires et de médiocre fertilité. On la sème au printemps, à raison de 60 litres par hectare. Elle donne un bon fourrage, mais peu abondant.

La lentille d'Auvergne, aussi appelée jarosse d'Auvergne, ou lentille à une fleur, réussit sur les mauvais terrains siliceux et résiste aux froids les plus rigoureux. On la sème en septembre, à raison de 100 litres par hectare et on la récolte comme la vesce d'hiver.

La serradelle ou pied d'oiseau vient très bien sur les terres siliceuses fraîches et profondes. On l'associe au moha de Hongrie et on la sème en avril, à raison de 60 litres par hectare. Son produit, qui a beaucoup de qualité, est peu considérable.

Le lupin réussit sur les sables les plus stériles, pourvu qu'ils soient profonds. On le sème à la fin d'avril à raison de 150 litres par hectare. Il ne produit qu'un médiocre fourrage qu'on utilise plus avantageusement en l'enterrant comme fumure verte.

Le trèfle incarnat ou farouch comprend deux variétés, dont l'une est hâtive et l'autre tardive, et qui se sèment à la même époque. C'est sur une terre franche, perméable et fertile, que le trèfle incarnat réussit le mieux. Sa place est après une céréale. Il se sème sur une terre très tassée, à la fin d'août, à raison de 20 kilogrammes de graine mondée, ou de 50 kilogrammes de graine en bourre, par hectare.

Il est récolté, comme fourrage vert, en mai et en juin de l'année suivante. Récolté comme fourrage sec, il serait trop dur et trop poudreux. Quand on veut le récolter pour sa graine, on attend que la plante ait pris une couleur blanchâtre et que l'épi forme le crochet.

19e LECTURE

Culture des légumineuses bisannuelles.

Le trèfle rouge aime une terre franche, notablement calcaire, profonde, perméable et fertile. On le sème en mars, à raison de 26 kilogrammes par hectare, dans une céréale qui succède à une culture nettoyante et bien fumée. La première année, après la récolte de la céréale et sur les terres fertiles, le trèfle rouge fournit un bon pâturage aux vaches laitières.

La seconde année, il donne deux coupes, l'une en juin et l'autre au commencement de septembre.

Le fanage doit-être exécuté avec le plus grand soin, afin que les feuilles ne soient pas détachées des tiges. Quand on veut en récolter la graine, on la prend sur la seconde coupe qu'on laisse venir à parfaite maturité.

La lupuline, aussi appelée minette dorée ou trèfle jaune, aime un sol calcaire ou argilo-calcaire, mais elle vient encore assez bien sur les terrains siliceux, de fertilité médiocre. On la sème en mars, comme le trèfle rouge, dans une céréale, à raison de 15 kilogrammes par hectare. Elle fournit une coupe la seconde année et ensuite un pâturage. Quand on veut en récolter la graine, on la prend sur la première coupe, qu'on laisse venir à parfaite maturité.

Culture des légumineuses vivaces.

La luzerne dont la graine a été récoltée dans le Midi s'appelle luzerne de Provence; celle dont la graine a été récoltée ailleurs s'appelle luzerne de pays. La luzerne est la plus précieuse de toutes les plantes fourragères. Elle aime une terre un peu calcaire et ne prospère que sur les terres perméables et très profondes.

On la sème en avril, à raison de 20 kilogrammes par hectare, dans une céréale qui doit venir à la suite d'une plante nettoyante bien binée et bien fumée. La luzerne peut durer un grand nombre d'années, en produisant plusieurs coupes chaque année. Il faut lui donner, chaque année, un ou deux hersages au printemps, pour détruire les mauvaises herbes vivaces.

Le sainfoin, aussi appelé bourgogne ou esparcette, comprend deux variétés : l'une ne produit qu'une coupe par an et l'autre en produit deux ; ces deux variétés se cultivent de la même manière. Le sainfoin végète très bien sur de mauvaises terres calcaires ou siliceuses sèches, pourvu que le sous-sol soit très perméable. On le sème en mars, à raison de 400 litres par hectare, dans une céréale qui succède à une plante nettoyante binée et fumée. Le sainfoin ne dure pas plus de 5 ou 6 ans.

Culture des graminées annuelles.

Le moha de Hongrie redoute le froid et la sécheresse; il vient bien sur une terre franche ou argilo-siliceuse un peu calcaire, meuble, profonde, fraîche et de fertilité moyenne. Sa place est après une céréale. On le sème dans la première quinzaine de mai, à raison de 16 litres par hectare, et il produit en juillet un excellent fourrage vert.

L'alpiste, aussi appelé millet long, est plus rustique et moins exigeant que le moha de Hongrie; il végète très bien sur les terres sèches siliceuses de moyenne fertilité. Sa place est à la suite d'une céréale. On le sème de 15 jours en 15 jours, depuis avril jusqu'en juin, à raison de 40 litres par hectare, et il produit un excellent fourrage vert pendant 2 ou 3 mois.

Culture des graminées vivaces.

Le ray-grass d'Italie demande une terre franche, un peu calcaire, fraîche et fertile. On le sème en mars, à raison de 30 kilos par hectare, dans une céréale qui suit une plante sarclée et fumée. On l'associe très avantageusement au trèfle rouge. Il peut donner plusieurs coupes chaque année. Sa durée et son produit sont en raison de la fertilité du sol.

Le ray-grass commun, aussi appelé ray-grass anglais, acquiert moins de développement que le ray-grass d'Italie, mais il gazonne beaucoup plus et il est plus favorable au pâturage. Il demande le même terrain que le ray-grass d'Italie, et sa culture est absolument la même. On le sème à raison de 40 kilos par hectare.

20e LECTURE

Formation des prairies naturelles.

On appelle pré ou prairie le champ qui produit continuellement ou pendant longtemps un grand nombre de plantes vivaces associées.

Les prairies peuvent être divisées en prairies temporaires et en prairies permanentes.

Les prairies temporaires sont celles qui ne peuvent ou ne doivent durer que pendant un temps limité sur un champ qui doit rentrer dans la culture ordinaire.

Les prairies permanentes sont celles qui doivent rester indéfiniment à l'état de prairie.

On peut encore diviser les prairies en prairies hautes et en prairies basses.

Les prairies hautes sont celles qui ne peuvent être arrosées que par la pluie ; les prairies basses sont celles qui peuvent être arrosées par un cours d'eau.

Le terrain destiné à être converti en prairie doit être préalablement bien ameubli et nettoyé par une ou deux récoltes binées et sarclées. Les graines de pré se sèment dans une céréale de printemps qui succède aux récoltes sarclées.

Les plantes qui conviennent le mieux aux prairies hautes sont : ray-grass commun, dactyle pelotonné, brôme des prés, flouve odorante, fétuque ovine, paturin des prés, lupuline, pimprenelle et trèfle blanc.

Les plantes qui conviennent le mieux aux prairies basses sont : ray-grass d'Italie, ray-grass commun, timothy ou fléole des prés, houlque laineuse, flouve odorante, fétuque des prés, paturin commun, trèfle ordinaire, trèfle blanc et lupuline.

L'agrostis traçante ou vulgaire, souvent recommandée à tort, doit être exclue de la prairie, pour laquelle cette graminée est un véritable chiendent.

Pour ensemencer une prairie, on peut employer, par hectare, 50 ou 60 hectolitres de balayures de grenier, provenant d'une récolte de foin de bonne qualité. Toutefois, ces balayures ne doivent pas être considérées comme suffisantes, parce qu'elles ne contiennent pas les graines de toutes les plantes, et surtout des légumineuses. Il faut donc y ajouter des graines pures des principales graminées et des légumineuses.

Lorsqu'on sème les graines pures, il ne faut mélanger que celles qui ont le même poids, parce que les plus lourdes iraient au fond du semoir et qu'il en résulterait une semaille très inégale.

L'entretien des prairies réclame quelques soins de la part du cultivateur. Celui-ci doit, chaque année, après l'hiver, écarter les taupinières, et, s'il en est besoin, pratiquer des hersages croisés, pour détruire les mousses et donner de l'air au collet des plantes. Les canaux et les rigoles doivent être curés en automne.

Les prairies hautes doivent recevoir du fumier tous les trois ou quatre ans. On transporte et on écarte ce fumier lorsque la terre est gelée, pour ne pas dégrader la surface de la prairie.

La fertilité des prairies basses est entretenue par l'irrigation, qui doit avoir lieu plusieurs fois dans l'année. Si l'eau d'irrigation n'est pas fertilisante, il faut donner du fumier à la prairie.

Le moment le plus convenable pour faucher la première pousse est celui où le plus grand nombre des plantes est en fleurs. Le regain, c'est-à-dire la seconde pousse, est fauchée en septembre.

21e LECTURE

Culture des plantes à racines charnues.

Les plantes à racines charnues, plus généralement appelées racines fourragères ou fourrages-racines, doivent toujours être binées et sarclées.

La betterave comprend de nombreuses variétés, qui peuvent être ramenées à deux espèces et qui sont : la betterave à sucre et la betterave fourragère. La betterave à sucre livrée à la sucrerie doit être considérée comme une plante industrielle, lorsque la pulpe ne fait pas retour à la ferme ; elle est plante fourragère lorsque la pulpe, revenant à la ferme, est consacrée à la nourriture du bétail.

La betterave est la plus importante des plantes racines ; elle exige une bonne terre franche, profonde, fraîche et fertile. Cultivée sur les terres pauvres, elle ne payerait pas ses dépenses. On sème la graine de betterave au printemps, à demeure et en lignes. Elle peut aussi être semée en pépinière au commencement de mars et repiquée en mai. On la récolte en octobre suivant.

La carotte fourragère aime une terre légère, profonde, perméable, fraîche et fertile. On la sème à demeure et en lignes vers la fin de mars ou au commencement d'avril, à raison de 4 ou 5 kilos par hectare. La carotte ne se transplante pas ; on la récolte en octobre.

La pomme de terre aime les terres franches ou légères, siliceuses, profondes et fertiles ; elle réussit aussi bien sur les terrains tourbeux bien assainis et sur les terres de landes. On la reproduit par la plantation de ses tubercules qu'on place à demeure et en lignes en mars. La plantation d'un hectare absorbe environ 25 hectolitres de tubercules de grosseur moyenne. On récolte les tubercules nouveaux lorsque les fanes de la pomme de terre sont mortes.

La grande culture cultive deux variétés de navets, qui sont le navet d'Alsace et le navet rose du Palatinat. Le navet aime une terre légère, siliceuse, fraîche et un peu fertile. Lorsqu'il est

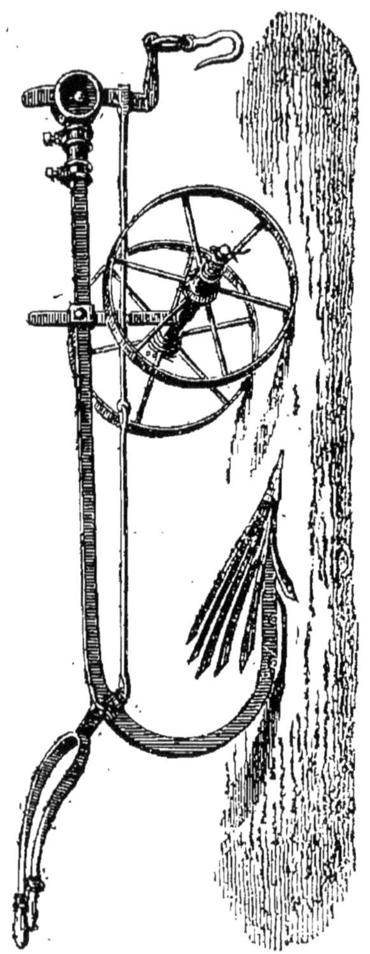

Fig. 8. — Arracheur de pommes de terre.

cultivé comme récolte principale, on le sème en lignes vers la fin de juin. Lorsqu'il est cultivé en récolte dérobée, on le sème à la volée en août, après l'enlèvement d'une céréale. Les navets se récoltent en octobre.

La rave diffère du navet en ce que sa racine est ronde en forme de boule, ou aplatie, tandis que la racine du navet est allongée en forme de fuseau.

Les raves comprennent un grand nombre de variétés, dont les principales sont : le turnep de Hollande, la rave d'Auvergne, la rave du Limousin, appelée aussi navet turnep ou rabioule, le navet de Norfolk et le navet boule d'or.

La culture des raves est absolument semblable à celle des navets.

Le chou-rutabaga, aussi appelé navet de Suède, vient également bien sur les terres compactes et sur les terres légères de moyenne fertilité. Il ne produit beaucoup que lorsqu'il est transplanté. On sème la pépinière au commencement de mars et on repique le plant en juin. On fait la récolte en novembre.

Le chou-rave, aussi appelé chou de Siam, développe sa partie charnue au collet de la plante, sous la forme d'une boule. Il réussit bien sur les terres argileuses, froides et humides, de médiocre fertilité. Sa culture est en tous points semblable à celle du chou-rutabaga.

Le chou-navet, appelé quelquefois à tort chou-rave, vient bien sur une terre légère, profonde, fraîche, perméable et de médiocre fertilité. Sa culture est également semblable à celle du chou-rutabaga.

Le panais, appelé aussi pastenade, n'a prospéré jusqu'ici, en France, que dans le voisinage de la mer ; c'est la carotte des contrées et climats maritimes. Le panais aime une terre franche, très profonde, fraîche et perméable. Sa culture est la même que celle de la carotte fourragère.

Le topinambour, aussi appelé canada, est la plante tuberculeuse la plus rustique que possède la grande culture ; il vient sous tous les climats et sur toute espèce de terrain qui n'est pas humide ; ses tubercules résistent à un froid de 18 degrés. On cultive le topinambour absolument comme la pomme de terre. A partir de novembre ou décembre, on l'arrache à mesure des besoins de la consommation, parce que ses tubercules se conservent mal en tas.

Comme le topinambour repousse toujours, on peut le cultiver indéfiniment sur le même champ, en renouvelant la plantation tous les deux ans et en lui donnant une légère fumure.

22e LECTURE

Culture des plantes diverses.

Parmi les choux pommés, la grande culture ne cultive que le chou cabus, aussi appelé chou quintal, chou d'Alsace et chou d'Allemagne. Le chou cabus aime un climat brumeux, une terre argileuse, profonde et fertile. On sème la pépinière vers la fin de février et on repique le plant vers la fin de mai. Les choux sont pommés et peuvent être donnés comme fourrage en octobre suivant.

Le chou branchu annuel, le plus cultivé, comprend trois variétés, qui sont : le chou du Poitou, le chou moellier ou à moelle et le chou frisé du Nord. Ces trois variétés exigent le même terrain et la même fertilité que le chou pommé; leur culture est aussi la même. La récolte des feuilles se fait à diverses époques ; on commence à enlever les feuilles inférieures en septembre et l'on continue l'opération jusqu'aux gelées. On recommence l'effeuillage après les gelées, et en avril, lorsque les premières fleurs apparaissent, on enlève les tiges et les feuilles. Ces trois variétés n'occupent le sol que pendant une année.

Le chou branchu bisannuel le plus cultivé est le chou cavalier, appelé aussi chou arbre de Laponie ou grand chou à vaches. Le chou cavalier exige le même terrain et la même fertilité que le chou cabus. On le sème en pépinière vers le 20 juillet et on repique le plant en octobre ou novembre. Il produit une première récolte de feuilles en juin, juillet et août de l'année suivante. Il produit une seconde récolte abondante au printemps suivant par ses feuilles et par ses tiges. Il occupe le sol presque pendant deux ans.

La moutarde blanche, appelée aussi moutardon et herbe au beurre, aime une terre légère un peu calcaire et assez fertile. Sa place est entre deux céréales. On la sème en août à raison de 20 litres par hectare, et elle produit un fourrage vert en octobre. A partir de mai suivant, on la sème de nouveau sur le même champ, de quinze jours en quinze jours, et on obtient un fourrage vert sans interruption depuis août jusqu'aux semailles d'automne.

La pimprenelle, plante vivace, préfère les terres calcaires et végète encore bien sur les terres siliceuses profondes. Elle peut durer plusieurs années, comme le sainfoin, auquel on l'associe souvent. On la sème dans une céréale, à raison de 120 litres par hectare. Elle produit pendant plusieurs années un excellent pâturage.

On appelle dragée, dravière, hivernage, coupage ou barjelade la réunion de deux, trois ou quatre plantes fourragères cultivées en même temps sur le même champ. Ce mélange doit être formé de plantes d'espèces différentes, mais qui aient la même durée de développement. Il a pour avantage de produire des récoltes fourragères plus assurées et plus considérables.

Premier exemple : vesce et avoine.

Deuxième exemple : moha, vesce et colza.

Troisième exemple : maïs, vesce, colza et sarrazin.

23e LECTURE

Récolte des céréales,

Les plantes qui forment le groupe des céréales ne doivent être récoltées à l'état de parfaite maturité que lorsque leurs graines sont destinées aux semailles. Celles dont les graines sont destinées à la vente ou à la consommation de la ferme peuvent être récoltées un peu avant la maturité.

Les céréales coupées, particulièrement le blé, le seigle et le méteil ne doivent pas rester exposées à la pluie. Les cultivateurs qui comprennent leurs véritables intérêts en forment des petites meules provisoires, appelées moyettes ou villottes, qui ont pour effet de compléter la maturité du grain et de conserver la qualité de la paille.

Les graines de céréales sont détachées de la paille par le dépiquage, par le fléau ou par les batteuses mécaniques. Pour

Fig. 9. — Machine à battre à vapeur.

être conservées, ces graines doivent être placées dans un grenier bien sec, en couches de 40 à 50 centimètres, et être remuées à la pelle de temps en temps.

Récolte des fourrages fanés.

Les fourrages qui ne sont pas consommés en vert immédiatement peuvent être conservés et consacrés ultérieurement soit à la vente, soit à la nourriture du bétail. Dans certaines circonstances, les fourrages peuvent être conservés à l'état vert, dans des silos, comme les fourrages-racines; mais le plus souvent ils sont conservés à l'état sec, après le fanage.

Comme nous l'avons dit, le moment le plus convenable à la fauchaison est celui où les plantes sont en fleur. La condition principale d'un bon fauchage est d'être exécuté ras de terre, afin qu'il n'y ait pas de fourrage perdu. Après le fauchage commence le fanage, opération qui consiste à étendre et à manipuler le fourrage pour le faire sécher. Cette opération, l'une des plus importantes de l'agriculture, exige la plus grande attention et les plus grands soins de la part du cultivateur. Celui-ci doit savoir que l'action de la rosée et de la pluie blanchit le fourrage et en détruit le parfum qui le rend si appétissant pour le bétail. C'est pourquoi, jusqu'à ce que son fourrage soit sec, il doit chaque soir, avant la chute de la rosée, ou dans le jour à l'approche certaine d'une pluie, ramasser son fourrage en petites meules provisoires, très judicieusement appelées *cachons*, qu'il écarte le lendemain après l'évaporation de la rosée ou après la pluie.

Nous rappelons ici qu'il faut secouer les plantes légumineuses avec beaucoup de précaution, dans la crainte d'en détacher les feuilles.

Les fourrages fanés sont conservés dans des greniers bien clos et bien couverts, ou en grosses meules, jusqu'à ce que les greniers soient disponibles.

Récolte des fourrages-racines.

Le moment convenable pour l'arrachage des plantes à racines charnues est celui où leurs feuilles sont mortes ou jaunissantes. L'arrachage doit être exécuté avec précaution, afin que les racines ne soient pas mutilées, parce que les racines mutilées ne se conservent pas.

Les fourrages-racines sont conservés dans des caves, celliers ou silos. On appelle silo une longue tranchée pratiquée dans la terre pour y placer les racines à conserver. Pour que les racines se conservent, soit dans les caves, soit dans les celliers, soit dans les silos, il est indispensable qu'elles soient aérées par des courants d'air intérieurs que l'on supprime au moment des gelées.

Les racines porte-graines, c'est-à-dire celles qui sont destinées à être replacées en terre au printemps suivant pour produire des graines de semence, doivent être l'objet de soins particuliers. Elles doivent être choisies au moment de l'arrachage, et il est très important de leur conserver le collet bien intact. On les conserve dans le sable, soit en cave, soit en cellier, et on les visite fréquemment, pour enlever celles qui pourrissent, et pour prendre des précautions contre la gelée.

Instruments de culture et de récolte.

Les instruments employés pendant la végétation des céréales sont la herse et le rouleau (voir fig. 3 et 4). Ceux qui servent à la moisson des céréales sont la faucille, la sape, la faux et la

Fig. 10. — Faucille à dents.

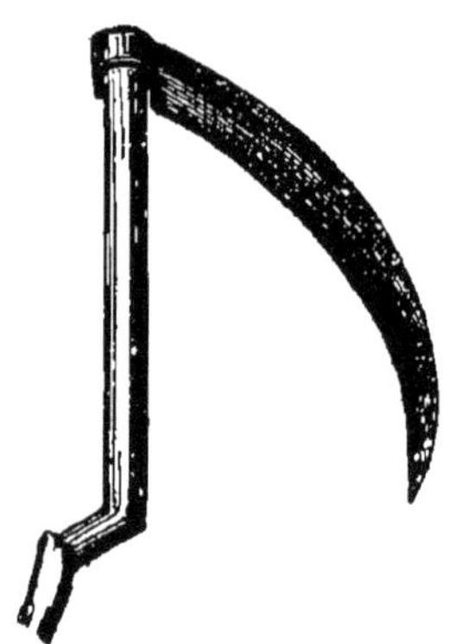

Fig. 11. — Sape flamande.

moissonneuse mécanique (voir fig. 12) ; pour le transport des céréales on emploie la charrette portée sur deux roues et le chariot porté sur quatre roues.

Pour le battage, on emploie le rouleau en pierre, le fléau et la batteuse mécanique (voir fig. 9).

Pour le nettoyage des graines de toute nature, on se sert du van, du tarare, du crible et du trieur (voir fig. 13 et 14).

Fig. 12. — Moissonneuse perfectionnée *la Française.*

Pour la culture des plantes en lignes, on emploie le rayonneur, la binette ou houe à cheval et le buttoir (voir fig. 15), qui

Fig. 13. — Tarare-vanneur.

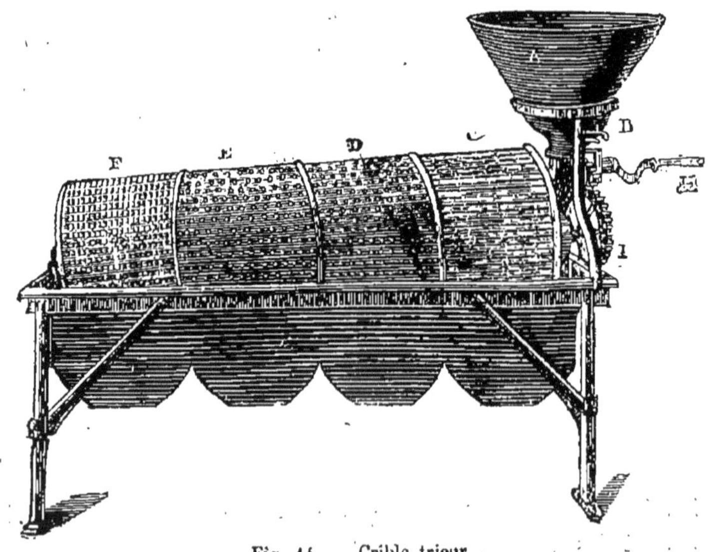

Fig. 14. — Crible trieur.

sert au buttage des plantes et également à la déplantation des pommes de terre et des topinambours.

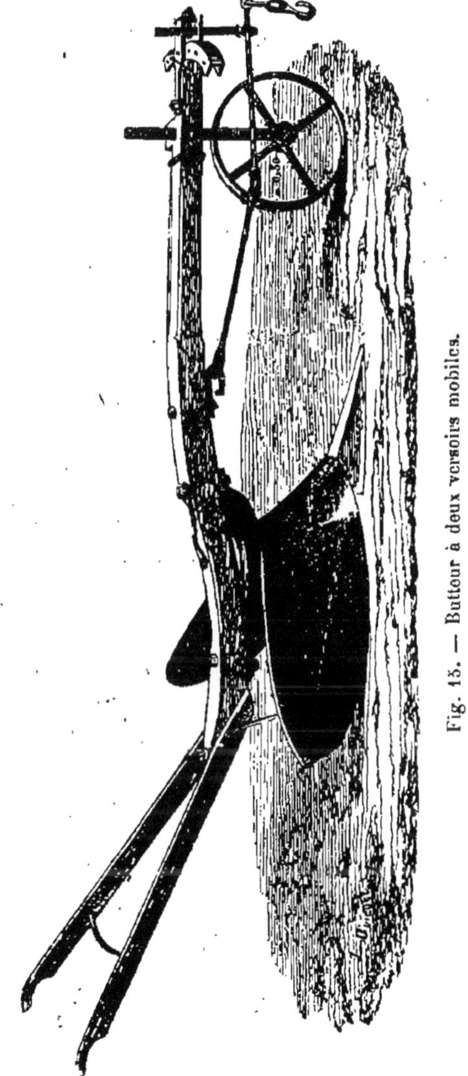

Fig. 15. — Butteur à deux versoirs mobiles.

Les instruments qui servent au transport des fourrages-racines sont les tombereaux portés sur deux ou quatre roues.

Pour la récolte et le transport des fourrages fanés, on se sert de la faux, de la faucheuse mécanique, de la fourche en bois,

Fig. 16. – Faucheuse perfectionnée.

de la faneuse mécanique, du râteau à main ou à cheval et de la charrette ou du chariot (voir fig. 16 et 17).

Fig. 17. — Faneuse à cheval.

24e LECTURE

QUATRIÈME PARTIE

Le bétail.

L'art d'exploiter le bétail consiste à entretenir des animaux domestiques dans le but d'en obtenir des services.

Par les services que les animaux domestiques peuvent rendre, il faut entendre toutes les choses utiles qu'ils produisent et dont le cultivateur peut tirer profit.

Ces services comprennent : le travail, la viande de boucherie, le lait et tous les produits du lait, la laine, les animaux d'élevage et en général tous les produits animaux utilisables; il faut comprendre, au nombre des mêmes services, ce résidu précieux de l'exploitation du bétail qu'on appelle le fumier.

Les animaux de la ferme sont divisés en quatre espèces principales, qui sont : l'espèce chevaline, qui comprend les chevaux; l'espèce bovine, comprenant les bœufs, les vaches, etc.; l'espèce ovine, qui comprend les moutons, et l'espèce porcine, comprenant les porcs.

Tous les animaux appartenant à une même espèce ne se ressemblent pas complètement et présentent des différences provenant du climat sous lequel ils ont été élevés, du genre de nourriture et des soins qu'ils ont reçus. Ainsi le cheval arabe ne ressemble pas complètement au cheval boulonnais.

En raison des différences profondes qui se présentent chez les animaux appartenant à une même espèce, chaque espèce est divisée en races; de même les races, dans chaque espèce, sont divisées en familles et les familles en individus.

Les quatre espèces principales des animaux utilisés dans la ferme comprennent des quadrupèdes appartenant à la classe des mammifères, c'est-à-dire à la classe des animaux dont les femelles sont pourvues de mamelles.

L'espèce chevaline appartient au genre cheval, ainsi que l'espèce asine. Dans ces deux espèces, pourvues d'un seul estomac, chaque membre est terminé par un seul doigt enveloppé d'un onglon en corne appelé *sabot;* chaque mâchoire est garnie de vingt dents, dont six incisives, deux canines et douze molaires; les incisives se composent de deux pinces, de deux mitoyennes et de deux coins; les deux pinces tombent et sont remplacées lorsque le cheval atteint sa troisième année; les mitoyennes sont remplacées à quatre ans et les coins à cinq ans; alors le cheval est adulte : il est vieux à quinze ou vingt ans.

Le cheval destiné à la reproduction s'appelle *étalon*. La femelle s'appelle *jument;* elle est pourvue de deux mamelles situées dans l'aine; elle peut être mère à 4 ou 5 ans; elle porte 11 mois et met bas un petit appelé *poulain.*

L'espèce bovine appartient à l'ordre des ruminants et est pourvue de 4 estomacs. Dans cette espèce, chaque membre est terminé par 2 doigts enveloppés de 2 onglons en corne; la mâchoire inférieure est garnie de 20 dents, dont 8 incisives et 12 molaires et la mâchoire supérieure, dépourvue d'incisives, n'est garnie que de 12 molaires. A l'âge de 18 mois, 2 incisives sont remplacées et à 5 ans les 8 incisives sont remplacées; alors l'animal est adulte : il est vieux entre 10 et 15 ans.

Le mâle destiné à la reproduction s'appelle *taureau*; le mâle châtré s'appelle *bœuf*, la femelle s'appelle *vache*: elle est pourvue de 4 mamelles situées dans l'aîne; elle peut être mère à 2 ou 3 ans; elle porte 9 mois et met bas un petit appelé *veau.*

La vache laitière doit être réformée après son cinquième ou sixième veau, parce qu'elle commence à produire un lait pauvre, qu'elle devient facilement poitrinaire, qu'elle n'engraisse pas et qu'elle produit une mauvaise viande.

L'espèce ovine appartient également à l'ordre des ruminants et est pourvue de 4 estomacs. Dans cette espèce, comme dans l'espèce bovine, chaque membre est terminé par deux doigts enveloppés de deux onglons en corne ; la mâchoire inférieure est garnie de 8 incisives et de 12 molaires, tandis que la mâchoire supérieure, dépourvue d'incisives, est garnie de 12 molaires seulement. A l'âge de 2 ans, 2 incisives sont remplacées et à 5 ans les 8 incisives le sont également ; alors l'animal est adulte : il est vieux à 10 ans.

Le mâle destiné à la reproduction s'appelle *bélier*; le mâle châtré s'appelle *mouton*; la femelle s'appelle *brebis*; elle est pourvue de 2 mamelles situées dans l'aine; elle peut être mère à 2 ou 3 ans; elle porte 5 mois et met bas un et rarement deux petits appelés *agneaux*.

25e LECTURE

L'espèce porcine appartient au genre sanglier et est pourvue d'un seul estomac. Dans cette espèce, chaque membre est terminé par 4 doigts enveloppés de 4 onglons en corne, dont 2 seulement portent sur le sol; chaque mâchoire est garnie de 20 dents, qui ne se renouvellent pas et qui se composent de 6 incisives, de 2 canines et de 12 molaires; les canines sont très développées et très fortes, ressemblant beaucoup aux défenses du sanglier; le groin, appelé aussi boutoir, sert à l'espèce pour fouiller la terre. L'animal est adulte à 2 ans et vieux à 8. Le mâle destiné à la reproduction s'appelle *verrat;* le mâle châtré s'appelle *porc* ou *cochon;* la femelle s'appelle *truie;* elle est pourvue de 12 mamelles situées en partie dans l'aine et en partie sous la poitrine; elle peut être mère à 2 ans; elle porte 115 jours et peut faire deux portées dans l'année; elle met bas de 8 à 12 petits appelés *gorets*.

Chacune des 4 espèces désignées ci-dessus comprend différentes races, parmi lesquelles nous croyons devoir indiquer :

1° Dans l'espèce chevaline, la race arabe, la race tarbéenne, qui paraît dériver de la race arabe, la race normande, la race percheronne, la race boulonnaise, la race bourbourienne, etc.

2° Dans l'espèce bovine, qu'on appelle plus souvent bêtes à cornes, la race durham, la race charolaise, la race hollandaise, la race flamande, la race cotentine, la race bretonne, la race nantaise, la race mancelle, etc.

3° Dans l'espèce ovine, qu'on appelle plus souvent bêtes à laine, la race mérinos, la race dishley, la race southdown, la race berrichonne, la race solognotte, etc.

4° Dans l'espèce porcine, la race craonnaise, la race chinoise, la race yorkshire, etc.

Les races d'une même espèce sont classées d'après le genre de services qu'elles rendent.

Ainsi les races chevalines sont classées en races de course, races de gros trait, races de trait léger et races à deux fins.

Les races bovines sont classées en races de boucherie, en races laitières et en races de travail.

Les races ovines sont classées en races de boucherie et en races à laine ; celles-ci sont encore divisées en races à laine fine et races à laine commune.

Les races porcines sont divisées en grandes races et en petites races.

Les services dont nous avons parlé sont obtenus des animaux par les soins qu'ils reçoivent et surtout par la nourriture qui leur est donnée.

Le plus important des soins à donner aux animaux domestiques consiste à les traiter avec la plus grande douceur ; quand ils voient dans leur gardien un tyran brutal, ils deviennent méchants comme lui, ils se défendent et deviennent intraitables. Si, au contraire le gardien est trop timide, les animaux deviennent les maîtres et n'écoutent plus que leurs caprices désordonnés. Le bon gardien doit savoir se conduire de manière à faire comprendre aux animaux qu'il est leur maître et en même temps leur ami.

Les autres soins à donner aux animaux consistent à éloigner d'eux tout ce qui peut les faire souffrir sans utilité et à les tenir dans un état continuel de propreté. Chaque jour ils doivent être étrillés, brossés, bouchonnés ou lavés. Ce pansage a pour effet d'entretenir chez eux la santé et d'augmenter l'importance des services qu'ils peuvent rendre.

Dans le cas de maladie, c'est par un vétérinaire que les animaux doivent être soignés. Le cultivateur ne saurait trop se défier de ces charlatans de village qui prétendent guérir les animaux par des signes, par des paroles ou par des médicaments secrets.

26e LECTURE

Nourriture et ration.

Les plantes qui sont données en nourriture aux animaux forment deux groupes, comprenant les aliments volumineux et les aliments peu volumineux.

Les aliments volumineux sont composés d'abord d'aliments aqueux, comme les fourrages verts et les racines de toute sorte, ensuite d'aliments secs, comme le foin, tous les fourrages fanés, la paille, etc.

Les aliments peu volumineux sont ceux qui, sous un petit volume, contiennent beaucoup de parties nourrissantes ; telles sont les graines de céréales, comme l'orge, l'avoine, etc., les graines de légumineuses, comme les pois, les vesces, etc., les tourteaux de toute sorte.

La quantité de nourriture qui est donnée chaque jour à un animal s'appelle ration. Elle se compose de deux parties dont l'une est appelée ration d'entretien et l'autre ration de production. La ration d'entretien a simplement pour effet d'entretenir la vie chez l'animal, sans produire d'augmentation ni de diminution dans son poids; la ration de production a pour effet de produire tous les services que les animaux peuvent rendre.

Exemple. Si une vache qui pèse 500 kilogrammes consomme par jour seulement 10 kilogrammes de foin, cette vache vivra, mais elle ne produira pas de lait, parce qu'elle ne consomme que la ration d'entretien, c'est-à-dire ce qui est nécessaire pour entretenir la vie. Si elle consomme 10 kilogrammes de foin en plus, elle pourra produire 8 ou 10 litres de lait par jour; c'est ce supplément de 10 kilogrammes de foin qui produit le lait et qu'on appelle ration de production.

A l'exclusion des animaux de travail, le bétail entretenu dans la ferme peut être nourri de trois manières.

La première consiste à laisser le bétail continuellement libre dans les pâturages. Cette méthode permet d'économiser le travail relatif à la récolte et au transport des fourrages; mais pendant l'été et pendant l'hiver, les animaux souffrent de la chaleur et du froid.

La deuxième manière consiste à nourrir le bétail continuellement à l'étable. Ce régime permet de recueillir tous ses excréments et de faire beaucoup de fumier.

La troisième manière consiste à nourrir le bétail alternativement au pâturage et à l'étable; c'est un régime mixte, qui permet de réaliser une partie des avantages des deux autres. C'est le régime qui est le plus généralement adopté par les cultivateurs.

Les animaux nourris au pâturage ne peuvent être rationnés, à moins qu'ils ne soient attachés au piquet. Du reste, nous ne pouvons nous occuper ici que du rationnement adopté pour la nourriture à l'étable.

La ration journalière d'un animal ne peut être donnée d'une seule fois; elle doit être divisée en plusieurs parties, qui sont distribuées à des heures différentes et qui constituent les repas. La ration est généralement partagée en trois repas, qui doivent avoir lieu à des heures bien réglées.

Les rations formées d'un seul aliment ne sont pas économiques; elles sont beaucoup plus nourrissantes lorsqu'elles sont composées de deux ou de plusieurs aliments. Ainsi, par exemple, une ration est composée, lorsque chaque repas comprend une partie en foin, une partie en betteraves et une partie en farine d'orge.

On dit que les rations journalières sont variées, lorsqu'elles se succèdent, en comprenant des aliments différents ayant les mêmes propriétés nutritives. Les rations variées sont les plus économiques.

27e LECTURE

Nourriture des animaux de travail.

La nourriture des chevaux doit comprendre un aliment volumineux, comme le foin, la luzerne, le sainfoin, le trèfle, etc., et un aliment peu volumineux, comme l'avoine, etc.

Parmi les fourrages-racines, ceux qui appartiennent à la classe des aliments volumineux et qui sont recherchés par les chevaux, sont le topinambour et plus particulièrement la carotte fourragère.

La ration des chevaux ne doit pas être la même lorsqu'ils sont au repos et lorsqu'ils travaillent. Le cheval au repos reçoit la ration d'entretien, c'est-à-dire avec peu d'avoine ou sans avoine. Le cheval qui travaille doit recevoir en plus la ration de production, c'est-à-dire une quantité d'avoine proportionnée aux efforts qu'exige le travail qu'il accomplit.

La nourriture des bœufs de travail ne doit pas être la même que celle des chevaux ; le bœuf de travail est moins difficile sur la qualité des fourrages, et pour lui, la ration n'est généralement composée que d'aliments volumineux.

Les vaches peuvent exécuter les travaux agricoles, mais alors elles donnent peu de lait, parce que la ration de production ne peut en même temps produire du travail et du lait.

Il est très désavantageux de surcharger les attelages et de les laisser maigrir, parce qu'il en coûte beaucoup pour les ramener à l'état convenable.

C'est surtout pour les animaux de travail que les soins les plus minutieux du pansage sont indispensables. Leurs écuries ou étables doivent être toujours très propres et suffisamment aérées, de telle sorte qu'ils ne passent jamais brusquement d'une température chaude à une température froide.

Nourriture des animaux à l'engrais.

On appelle engraissement l'opération par laquelle on nourrit les animaux destinés à la boucherie. Cette opération consiste à nourrir certains animaux de manière à leur faire acquérir le plus grand embonpoint possible, dans l'espace de temps le plus court.

Comme ces animaux sont destinés à mourir bientôt, il n'est pas nécessaire de conserver chez eux la rusticité. C'est pourquoi les soins et les aliments prescrits pour les animaux de travail doivent être modifiés à leur égard.

Les animaux engraissés à l'étable doivent être tranquilles, presque dans l'obscurité, à une température égale à celle du corps et maintenus dans un état de propreté parfaite.

Relativement à la composition des rations, on commence l'engraissement par les fourrages volumineux, donnés d'abord avec modération et augmentés ensuite d'après l'appétit des animaux. On le termine en faisant prédominer les aliments peu volumineux, comme les farines de céréales, les tourteaux, etc.

C'est surtout pour les animaux à l'engrais que les heures des repas doivent être réglées et observées avec la plus grande exactitude.

Lorsque les animaux paraissent dégoûtés ou manquer d'appétit, il faut varier les rations, c'est-à-dire changer les aliments et donner aux animaux des substances excitantes, comme le sel, etc.

Les animaux doivent recevoir l'eau à discrétion au milieu ou à la fin de chaque repas. Cette eau doit être à la température de l'étable.

28e LECTURE

Engraissement des veaux.

Les veaux destinés à la boucherie ne doivent pas téter leurs mères; il vaut mieux qu'ils soient abreuvés au seau, parce qu'il est plus facile de les rationner.

Pour rendre l'engraissement des veaux plus économique, on peut, à chaque repas, ajouter au lait, aliment principal, des boulettes faites avec de la farine de seigle, d'orge, de maïs ou de sarrazin.

Les veaux à l'engrais doivent recevoir leur ration journalière en trois repas, à des heures bien réglées. Ils doivent être tenus immobiles, dans un lieu propre, obscur, paisible et chaud.

Le veau, engraissé dans ces conditions pour la boucherie, ne pourrait pas être élevé pour devenir un reproducteur, parce qu'il ne vivrait pas, manquant complètement de rusticité.

Engraissement des bêtes à cornes.

On engraisse les bêtes à cornes par deux procédés; l'un, appelé engraissement d'embouche, consiste à nourrir les animaux au pâturage; l'autre, appelé engraissement de pouture, consiste à les nourrir à l'étable.

Dans l'engraissement d'embouche, les animaux ne sont pas rationnés; leur nourriture se compose exclusivement de l'herbe qu'ils doivent avoir à discrétion au pâturage. Pour rendre ce procédé le plus économique possible, le cultivateur doit prendre des précautions pour que les animaux ne soient jamais tourmentés, qu'ils aient de l'ombre contre les ardeurs du soleil, ainsi que des abris contre les rigueurs du froid et toujours de l'eau à discrétion.

Dans l'engraissement de pouture, la nourriture des animaux est composée de fourrages verts ou fanés, de fourrages-racines, de graines farineuses et de tourteaux.

En ce qui concerne le rationnement, les soins et les autres conditions de l'engraissement, le lecteur doit se reporter à ce qui a été dit précédemment sur la nourriture des animaux à l'engrais.

Engraissement des bêtes à laine.

L'engraissement des moutons est également pratiqué de deux façons, au pâturage pendant la belle saison et à la bergerie pendant l'hiver.

Dans l'engraissement au dehors, le troupeau ne doit être conduit au pâturage qu'après la rosée tombée ; il doit être mené très lentement et n'être jamais tourmenté inutilement par les chiens ; il doit être placé à l'ombre pendant la grande chaleur du jour et à l'abri pendant les grandes pluies.

Pour l'engraissement à la bergerie, le cultivateur doit observer tout ce qui a été prescrit pour l'engraissement des bêtes à cornes et la nourriture des animaux à l'engrais.

Engraissement des porcs.

L'engraissement des porcs se pratique aussi de deux manières, au dehors et à la porcherie.

L'engraissement au dehors n'est possible et économique que lorsqu'on peut mettre à la disposition des animaux une glandée abondante dans une forêt, autrement il est plus avantageux de les engraisser à la porcherie.

Dans l'engraissement à la porcherie, les porcs se nourrissent de tout, même de viande. Les aliments qui forment le plus communément leurs rations, sont : les fourrages verts hachés, les pommes de terre cuites, le lait caillé, le petit lait, l'eau de vaisselle, les farines de seigle, d'orge, de maïs et de sarrazin. Les aliments qui forment la ration doivent être mélangés et distribués à l'état de bouillie tiède.

Pour les autres précautions à prendre, le lecteur doit se reporter à ce qui a été dit sur la nourriture des animaux à l'engrais.

29e LECTURE

Entretien des vaches laitières.

Les vaches laitières peuvent être entretenues, soit constamment à l'étable, soit d'après le régime mixte qui consiste à les nourrir alternativement au pâturage et à l'étable. Toutefois, notre expérience nous autorise à dire que les vaches laitières entretenues constamment à l'étable sont plus fréquemment atteintes de la phtisie pulmonaire.

L'étable des vaches laitières doit être très propre et convenablement aérée pour que celles-ci ne souffrent ni du froid, ni de la chaleur.

Leur ration comprend, en grande partie, des aliments volumineux et aqueux, comme les fourrages verts et les fourrages-racines. Elle comprend aussi, pendant l'hiver, les fourrages fanés de toute nature.

Les aliments volumineux peuvent être insuffisants, surtout pendant l'hiver; c'est pourquoi il convient d'y ajouter des farines de seigle, d'orge, de maïs ou de sarrazin, qui sont données en buvées, c'est-à-dire délayées dans l'eau.

Les vaches laitières doivent avoir l'eau à discrétion à chaque repas, car une bonne laitière est toujours une grande buveuse.

Traite.

L'une des opérations les plus importantes de l'entretien des vaches laitières est celle qui consiste à extraire le lait que contiennent leurs mamelles, opération qu'on appelle *traite*. La traite doit avoir lieu à des heures bien réglées, soit trois fois par jour, si on entretient de bonnes laitières, soit deux fois, si on n'a affaire qu'à de médiocres laitières. Elle exige en outre plusieurs précautions aussi importantes que minutieuses. Les vaches doivent être dans un lieu où elles soient bien tranquilles et où elles ne puissent être tourmentées par les insectes. Les vases destinés à recevoir le lait doivent être d'une propreté parfaite. Si le pis des vaches est sali, il doit être nettoyé avant la traite; la vachère doit avoir elle-même les mains très propres. Au sujet de la vachère, il se présente ici une observation très importante; elle doit être essentiellement d'un caractère doux et patient; elle doit être connue et aimée des bêtes qu'elle soigne et elle en sera aimée certainement si elle les aime elle-même; entre les mains de la vachère qui n'a pour elles que des procédés bienveillants, les vaches laissent couler leur lait jusqu'à la dernière goutte. Pour que la traite soit facile, la vachère fait en sorte qu'elle soit agréable à la vache qu'elle va traire; à cet effet, avant de traire réellement, elle passe la main légèrement sur les trayons, pendant quelques instants, pour provoquer chez la vache une sensation agréable; puis elle se met à traire réellement en saisissant les trayons assez haut pour comprimer une partie de la glande mammaire et, en imitant l'action du veau qui tète, elle exerce une compression et une traction suffisantes pour faire couler le lait. Il est urgent que la traite soit exécutée bien à fond, car le lait qui reste dans le pis peut être résorbé par le tissu glandulaire et peut obstruer les vaisseaux lactifères. C'est pourquoi, par suite d'une traite incomplète, la meilleure laitière peut être gâtée pour toujours.

30e LECTURE

Lait.

Le lait est un liquide blanc, opaque, qui vient du sang artériel et qui est sécrété par les glandes mammaires. Abandonné à lui-même, il finit par se séparer en trois parties : la partie supérieure est la crème, qui contient en grande partie le beurre; la deuxième partie, formée au-dessous de la crème, est le sérum ou petit lait, c'est-à-dire le vinaigre du lait; la troisième partie, qui se dépose au fond du vase, est la caséine, c'est-à-dire le caillé.

Le séjour plus ou moins prolongé du lait dans les mamelles influe sur la qualité et sur la quantité produite ; moins on laisse d'intervalle entre deux traites, plus le lait est abondant, mais aussi, moins il est riche ; c'est pour cette raison que le lait du matin a plus de qualité que le lait du soir.

Le lait d'une même traite ne présente pas la même composition à tous les moments de la traite. Si on fractionne la traite d'une même vache en deux parties, on remarque que le lait sorti le premier est moins riche en beurre que celui qui compose la seconde partie de la traite. C'est un fait que l'on peut mettre à profit en mettant de côté la seconde partie de la traite pour en faire un lait de choix, qui produit beaucoup plus de beurre ; mais la vente de la première partie de la traite comme lait normal constituerait une véritable fraude, parce que ce lait est réellement du lait en partie écrémé.

La composition du lait varie également suivant qu'il est produit à une époque plus ou moins rapprochée du vêlage. La traite qui suit immédiatement la parturition donne un lait qu'on appelle *colostrum*, et qui est remarquable par l'action purgative et si favorable qu'il exerce sur le veau qui vient de naître. Ce lait contient très peu de beurre, et la caséine y est remplacée presque en totalité par l'albumine, c'est-à-dire par du blanc d'œuf. A mesure que les traites s'éloignent du vêlage, le lait qu'elles produisent devient de plus en plus riche en beurre et en caséine.

La décomposition du lait en trois substances principales indiquées ci-dessus a lieu sous l'influence d'une fermentation acide provoquée par l'action de l'air. On peut prévenir cette fermentation par l'ébullition, qui fait évaporer l'air de la masse. Ainsi on pourrait conserver du lait très longtemps, en le faisant bouillir tous les jours pendant quelques instants seulement.

La décomposition du lait peut avoir lieu sans produire la séparation bien distincte de la crème, du petit lait et du caillé. Cette décomposition a lieu dans trois circonstances qui développent le petit lait avant la montée de la crème et précipitent au fond du vase la crème et le caillé : 1° lorsque le lait est conservé à une température supérieure à 18° ; 2° lorsque les vases qui reçoivent le lait ne sont pas d'une propreté parfaite (ce lait mis sur le feu se décompose même avant l'ébullition : on dit alors que le lait tourne) ; 3° lorsqu'on mélange le lait avec la présure, dont nous parlerons bientôt.

31e LECTURE

Laiterie.

La laiterie est le lieu où est emmagasiné le lait destiné à diverses transformations. Ce lieu doit être frais et maintenu à une température qui ne s'élève pas au-dessus de 18° ; il doit être tenu surtout avec une propreté parfaite. C'est là une condition indispensable de succès.

Le lait, en sortant de la mamelle de la vache, est à la température de l'animal, c'est-à-dire entre 30° et 40°. Aussitôt après la traite, surtout dans la saison chaude, il doit être porté à la laiterie et refroidi immédiatement et brusquement.

Lorsque le lait est destiné à la vente ou à la fabrication des fromages, la forme des vases qui le reçoivent a peu d'importance; mais s'il est destiné à la fabrication du beurre, ces vases doivent avoir la forme des terrines à base étroite et à large ouverture, pour rendre plus faciles la montée et l'enlèvement de la crème.

Beurre. — Le lait destiné à la fabrication du beurre doit être à la température de 12° à 15°, température qui paraît être la plus favorable à l'ascension de la crème. Il peut être écrémé lorsque la crème n'adhère plus au doigt posé à sa surface, ou lorsqu'on peut y enfoncer la pointe d'un couteau sans qu'il remonte du lait à la surface.

La crème n'est pas seulement formée de beurre; elle contient en outre du caillé, du petit lait et d'autres éléments du lait que les globules de beurre ont enlevés avec eux pendant leur ascension. Pour séparer le beurre de toutes les autres matières qui forment la crème, on bat celle-ci dans une baratte (fig. 18) à l'aide d'agitateurs tournant autour d'un axe vertical et qui constituent le meilleur système de barattage. Par l'action de ces agitateurs, les globules de beurre sont séparés des autres éléments de la crème; ces globules se réunissent en grumeaux qui s'agglomèrent et se soudent entre eux jusqu'à former une masse qui contient la majeure partie du beurre. La température qui convient le mieux à la séparation et à l'agglomération des globules de beurre est celle de 16° à 18°; à une température plus élevée, les globules sont trop fluides et l'agglomération s'opère mal. La qualité du beurre contribue aussi à rendre son agglomération plus ou moins facile; les vaches laitières mal nourries produisent un beurre de mauvaise qualité, qui est toujours difficile à battre.

Après l'agglomération du beurre, il reste dans la baratte un liquide, appelé lait de beurre, qui contient du sucre de lait, du petit lait, du caillé et une certaine quantité de beurre; il est utilisé comme aliment dans les ménages de ferme, ou donné aux porcs.

Le beurre, sorti de la baratte, est malaxé dans l'eau pour être débarrassé des substances qui se sont interposées dans la masse; néanmoins, quelque soin que l'on donne à ce malaxage, le beurre retient toujours du petit lait, du caillé et de l'eau. Ce sont ces trois substances, qui en réagissant l'une

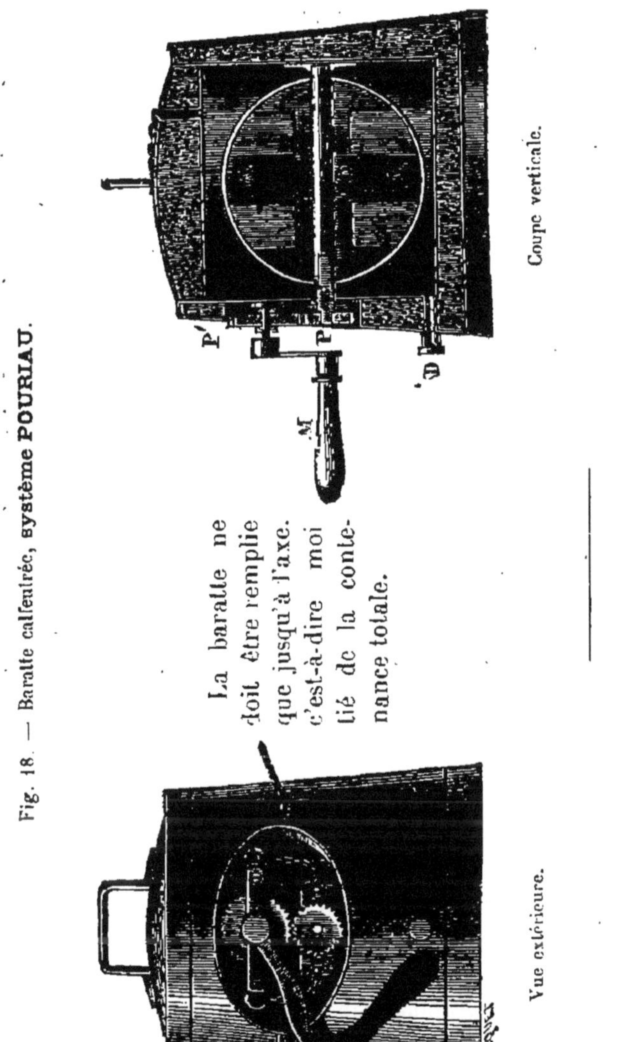

Fig. 18. — Baratte calfeutrée, système **POURIAU**.

Cet instrument est tout en fer étamé et est à double enveloppe comme le couvercle lui-même. L'intervalle est garni de feutre, ce qui assure une température également constante au liquide contenu dans la baratte.

sur l'autre et en s'altérant, communiquent au beurre la rancidité qu'il acquiert si facilement dans la saison chaude. Pour prévenir la rancidité du beurre que l'on veut conserver, on le sale, c'est-à-dire qu'on le pétrit avec du sel ordinaire, dont les propriétés antiseptiques arrêtent la décomposition du caillé.

Pour conserver le beurre on peut aussi le soumettre à la fusion, en élevant graduellement la température jusqu'à l'ébullition, en l'agitant constamment pour favoriser l'évaporation et en prolongeant l'ébullition jusqu'à ce qu'il n'y ait plus d'évaporation d'eau. On filtre ensuite le beurre en fusion pour en séparer le caillé coagulé et les autres impuretés. Dans cette opération, le beurre éprouve un déchet d'environ 18 0/0.

32e LECTURE

Fromage. — Par la fermentation acide du lait on obtient le caillé, c'est-à-dire la caséine, qui peut dès lors être transformée en fromage. Toutefois le fromage, quelque simple qu'il soit, ne doit pas être considéré comme composé de caséine pure; la caséine, en se coagulant, englobe et retient une partie de tous les éléments du lait; il faut donc considérer le fromage comme étant un mélange de caséine, de beurre, de petit lait, de sucre de lait et d'une certaine quantité des sels contenus dans le lait : c'est l'ensemble de ces diverses substances qui fait du fromage un aliment très nourrissant. Ce mélange n'acquiert toutes ses propriétés qu'après avoir éprouvé certaines modifications, auxquelles la fermentation putride n'est pas étrangère.

Les espèces de fromage sont très nombreuses; on les distingue le plus généralement d'après la proportion plus ou moins forte de crème qui entre dans leur formation: on obtient ainsi le *fromage maigre*, le *fromage mi-gras*, le *fromage gras* et le *fromage très gras*.

La fabrication du fromage comprend quatre opérations : la première consiste à coaguler la caséine, la deuxième à la diviser pour favoriser la séparation du petit lait, la troisième à la presser pour terminer l'égouttage en donnant au fromage sa forme et la quatrième à saler le fromage pour le conserver en cave.

On obtient le fromage maigre en soumettant aux quatre opérations précédentes le caillé déposé au-dessous de la crème qui a été enlevée pour faire le beurre. Le petit lait, qui provient de l'égouttage de ce caillé, est généralement donné aux porcs.

Pour obtenir les trois autres espèces de fromage, c'est-à-dire le mi-gras, le gras et le très gras, on produit la fermentation acide du lait par l'emploi de la présure.

La présure est composée des grumeaux non encore digérés qui se trouvent dans la caillette, c'est-à-dire dans le quatrième estomac du veau nourri au lait; ces grumeaux lavés, essuyés avec un linge, puis mêlés avec du sel, sont remis dans la caillette, que l'on plie et que l'on fait sécher. On obtient ensuite la coagulation de la caséine en ajoutant au lait, soit un morceau de présure, soit une dissolution de présure faite à l'eau tiède. Il faut bien remarquer que le lait auquel on ajoute la présure doit être élevé préalablement à la température de l'animal, c'est-à-dire à 30°.

Pour obtenir le fromage *mi-gras*, on réunit ce qui reste d'une traite écrémée au lait d'une traite non écrémée; on mélange le tout, qu'on élève à la température de 30°, on y ajoute la présure et on pratique sur la masse les quatre opérations indiquées ci-dessus.

Le fromage *gras* s'obtient de la même manière par l'emploi de la présure, mais en opérant sur du lait pur.

Le fromage *très gras* s'obtient aussi par le même procédé, avec cette seule différence qu'avant de soumettre la masse à l'action de la présure, on ajoute au lait pur d'une traite la crème provenant d'une traite antérieure.

Entretien des moutons.

Le cultivateur entretient les troupeaux de bêtes à laine non seulement pour le produit de la laine, mais encore pour la boucherie et pour l'élevage des agneaux.

Le système de culture qui convient à l'entretien des moutons est celui de la culture extensive, parce que l'entretien de ces troupeaux exige de vastes pâturages.

Les moutons sont logés dans les bergeries ou, en plein air, dans un enclos portatif appelé parc. Le parcage peut commencer en mai et finir en novembre. Il n'est pas praticable sur les terres humides, ni dans les contrées où les loups sont à craindre.

La nourriture des moutons se compose, au dehors, des herbes du pâturage, qui sont des graminées et des légumineuses; à la bergerie, elle se compose de paille, de fourrages fanés et de fourrages-racines, auxquels on ajoute un peu d'avoine.

Le troupeau doit être conduit comme nous l'avons dit en parlant de l'engraissement des moutons.

L'opération par laquelle on enlève la laine du mouton s'appelle tonte; elle a lieu en juin, lorsque la température est assez douce pour que le troupeau ne souffre pas du froid.

Le bon berger doit réunir de nombreuses qualités; il doit être intelligent, laborieux, actif, d'un caractère doux et très patient; il doit en outre savoir soigner les nombreuses maladies dont les bêtes à laine sont souvent atteintes.

33e LECTURE

Élevage.

L'élevage est l'une des opérations qui se rattachent à l'entretien du bétail ; il consiste à faire naître des animaux domestiques, à les nourrir et à les soigner jusqu'à ce qu'ils soient capables de rendre des services.

Les animaux destinés à reproduire leurs semblables s'appellent reproducteurs. Le cultivateur ne doit pas les prendre au hasard ; il doit, au contraire, les choisir avec beaucoup d'attention et bien s'assurer qu'ils possèdent les qualités qu'il veut reproduire dans leurs descendants.

Les femelles pleines doivent être traitées plus que jamais avec une extrême douceur et soustraites aux exercices violents, qui pourraient causer l'avortement. La jument ne doit exécuter qu'un travail modéré un mois avant de mettre bas.

Chez les principales femelles domestiques, la durée la plus ordinaire de la gestation est : de onze mois pour la jument et pour l'ânesse, de neuf mois pour la vache, de cinq mois pour la brebis, et de trois mois, trois semaines et trois jours pour la truie.

Les mères qui viennent de mettre bas doivent être soignées comme des malades, nourries faiblement d'abord et ensuite très substantiellement. La jument ne doit être remise au travail qu'un mois après la mise-bas.

Si le jeune animal qui vient de naître doit être nourri en tétant sa mère, celle-ci se charge de lui donner les premiers soins; mais s'il doit être nourri en buvant au seau, il faut l'éloigner de sa mère avant que celle-ci puisse le voir, puis l'essuyer, le sécher et le tenir chaudement dans la paille.

Le jeune animal est nourri de lait, soit en tétant sa mère, soit en buvant au seau, trois fois par jour, à des heures bien réglées.

On appelle sevrage l'interdiction complète et définitive de l'usage du lait aux jeunes animaux. Ceux-ci doivent y avoir été préparés graduellement par l'usage de l'eau et des aliments solides.

Élevage des chevaux.

L'élevage des chevaux, exigeant des pâturages, ne peut être pratiqué en grand que dans la culture extensive. Ce serait commettre une faute grave que d'élever des poulains à l'écurie, parce que les chevaux ainsi élevés manqueraient de rusticité, de santé, de force et d'allure.

A sa naissance, le poulain est abandonné à sa mère, dans une écurie particulière où la mère puisse être bien tranquille et recevoir une nourriture abondante.

Aussitôt qu'il paraît avoir acquis un peu de force, il faut l'envoyer chaque jour, avec sa mère, passer quelques heures au pâturage, afin qu'il prenne de l'exercice. Plus tard, il devra passer tout le jour au pâturage avec sa mère, ou l'accompagner dans les travaux des champs, afin qu'il puisse acquérir la rusticité et la santé robuste qui sont nécessaires aux animaux de travail.

Au sevrage, le poulain est séparé définitivement de sa mère et reçoit, proportionnellement à son poids, la nourriture ordinaire des chevaux. Immédiatement doit commencer pour lui le dressage, c'est-à-dire l'instruction donnée aux jeunes animaux pour leur apprendre à rendre des services. On lui apprend d'abord à vivre familièrement dans la compagnie des hommes, à se laisser manier et conduire à la volonté de l'homme, à ne s'effrayer de rien, enfin à exécuter de bonne grâce tout ce qu'on doit attendre d'un bon cheval.

Le dressage doit être confié à un homme intelligent, qui sache se faire bien comprendre, à un homme sérieux, qui ne joue jamais avec ses élèves, enfin à un homme qui aime les bêtes et qui les traite avec douceur et bienveillance.

34e LECTURE

Élevage des bêtes à cornes.

Les jeunes animaux de l'espèce bovine appartiennent à trois catégories de races différentes par leurs aptitudes et qui sont : les races laitières, les races de boucherie et les races de travail. Il est bien évident que les conditions de l'élevage ne peuvent pas être les mêmes pour ces trois catégories de races.

Quelles que soient les races, il est bien constaté que l'élevage est beaucoup plus économique et plus facile à diriger lorsque les veaux sont abreuvés au seau que lorsqu'ils tettent leurs mères.

Le veau des races laitières doit acquérir une certaine rusticité et développer en lui les facultés laitières de sa race. C'est pourquoi, au sevrage, il doit être placé dans un bon pâturage et recevoir, à l'étable, pendant l'hiver, les aliments aqueux et substantiels qui conviennent aux races laitières.

Le veau des races de boucherie, dont l'existence ne doit pas être de longue durée, n'a pas besoin d'acquérir une aussi grande rusticité. Il peut, après le sevrage, être nourri alternativement au pâturage et à l'étable ; il doit toujours recevoir une nourriture substantielle.

Le veau des races de travail, devant au contraire acquérir une très grande rusticité, doit, après le sevrage, être tenu jour et nuit au pâturage et recevoir, pendant l'hiver, une nourriture très substantielle ; il doit, en outre, être dressé comme le poulain.

Les animaux de l'espèce bovine portent, selon leur âge et leurs aptitudes, des noms différents. Avant le sevrage, le mâle s'appelle veau et la femelle vêle. Après le sevrage, le veau s'appelle taurillon et la vêle s'appelle génisse. A l'âge adulte, le taurillon devient taureau, et, à son premier veau, la génisse devient vache.

Après le sevrage, le veau châtré s'appelle bouvillon, et à l'âge adulte, le bouvillon devient bœuf.

Élevage des bêtes à laine.

Comme l'élevage des moutons exige de vastes pâturages, on peut dire que le système de culture qui lui convient est celui de la culture extensive.

Les contrées à terres légères et à climat sec conviennent à l'élevage des races à laine fine.

Les contrées à terres fortes et à climat brumeux conviennent à l'élevage des races de boucherie et des races à laine commune.

Comme les bêtes à laine sont très délicates, et particulièrement dans le jeune âge, redoutent la pluie, le froid et la grande chaleur, les agneaux ne doivent accompagner leurs mères au pâturage que dans la belle saison.

Au moment du sevrage, les agneaux doivent être conduits sur des pâturages particuliers, de façon qu'ils ne puissent jamais rencontrer leurs mères. Après le sevrage, ils reçoivent la nourriture des animaux adultes.

Les animaux de l'espèce ovine portent différents noms, selon leur âge et leurs aptitudes. Avant le sevrage, le mâle s'appelle agneau et la femelle agnelle. Après le sevrage, l'agneau s'appelle antenais, et l'agnelle antenaise. A l'âge adulte, l'antenais devient bélier, et à son premier agneau, l'antenaise devient brebis. A l'âge adulte, le mâle châtré s'appelle mouton.

Élevage des porcs.

Nous devons rappeler ici que toutes les races de l'espèce porcine sont des races de boucherie, et qu'en conséquence, la rusticité n'est pas, chez elles, un élément de première importance.

Il ne faut destiner à la reproduction que les truies qui sont douces, familières, qui se laissent caresser par leur gardien et qui surtout, au moment de la mise-bas, ne dévorent pas leurs petits.

A leur naissance, les jeunes porcs sont abandonnés à leurs mères, jusqu'au sevrage, dans une porcherie attenante à une cour dans laquelle les jeunes animaux puissent prendre l'exercice qui leur est nécessaire.

Après le sevrage, ils doivent rester à la porcherie, ayant une cour qui leur permette de prendre un peu d'exercice, et recevoir une nourriture un peu moins substantielle que celle des porcs à l'engrais.

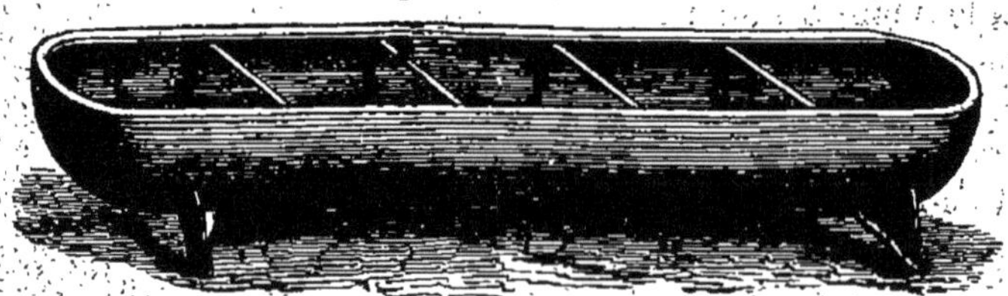

Fig. 19. — Auge à porcelets.

Les porcs ne doivent pas être élevés au pâturage, parce que le grand exercice retarde chez eux l'âge adulte, les fait pousser hauts sur jambes, leur donne un corps grêle, osseux et mince, comme aplati entre deux planches, et que les porcs élevés dans ces conditions ne peuvent être engraissés que difficilement et avec de grandes dépenses.

Avant le sevrage, le mâle et la femelle de l'espèce porcine s'appellent indistinctement gorets. Après le sevrage, le mâle s'appelle verrat et la femelle truie. Le mâle châtré s'appelle cochon, et la femelle châtrée coche.

35e LECTURE

Amélioration du bétail.

L'amélioration du bétail consiste à modifier ses aptitudes de manière qu'il puisse rendre plus de services, avec moins de dépenses.

Pour les animaux de travail, l'amélioration consiste à modifier leur constitution, de manière qu'ils acquièrent une plus grande énergie et une plus grande force, en utilisant mieux la nourriture.

Pour les vaches laitières, l'amélioration consiste à modifier leur constitution, pour les rendre aptes à mieux assimiler la nourriture et à produire, pendant plus longtemps, une plus grande quantité de lait.

Pour toutes les races de boucherie, l'amélioration consiste à modifier la constitution des animaux de façon à produire chez eux un engraissement plus hâtif et plus rapide.

La principale qualité que l'amélioration doit produire dans les races de boucherie, c'est la précocité. La précocité est l'aptitude qui rend l'animal adulte de bonne heure. Elle n'est avantageuse que pour les races de boucherie, car elle ne se produit qu'au préjudice de la rusticité et les animaux précoces vivent peu de temps. Par conséquent, les procédés d'amélioration capables de produire la précocité ne conviennent ni aux races de travail ni aux races laitières.

Pour réaliser l'amélioration du bétail, on emploie trois procédés, qui sont : la sélection, le croisement et le métissage.

La *sélection* consiste à choisir dans la race même qu'on veut améliorer, et à accoupler les reproducteurs mâles et femelles, qui possèdent au plus haut degré les qualités qu'on veut développer dans leurs descendants. C'est ce qu'on appelle améliorer une race par elle-même. Comme le plus souvent la première génération n'offre pas encore le résultat désiré, on choisit avec soin et on accouple de la même manière les meilleurs reproducteurs de la première, puis de la deuxième, puis de la troisième génération, et avec le temps on arrive à une amélioration complète. La sélection est le procédé par excellence et ne saurait être trop recommandée, car elle est infaillible dans son résultat.

Le *croisement* consiste à accoupler le mâle d'une race améliorée, qu'on appelle souvent race pure, avec les femelles de la race qu'on veut améliorer ; le jeune animal qui provient de cet accouplement, reproduit jusqu'à un certain degré les qualités de la race de son père. Le père est ensuite accouplé successivement avec ses filles, avec ses petites-filles et avec ses arrière-petites-filles, etc. Les animaux qui proviennent des derniers accouplements, reproduisent ou doivent reproduire presque entièrement les qualités de la race du père et constituent la nouvelle race améliorée, qu'on appelle race croisée. Le croisement n'a pas donné partout d'excellents résultats ; c'est pourquoi le cultivateur ne doit y avoir recours qu'avec la plus grande circonspection.

Les races améliorées par le croisement sont désignées par deux noms, dont le premier est celui de la race améliorante et le deuxième celui de la race améliorée. Ainsi, la race charolaise, améliorée par le croisement avec le taureau durham, s'appelle durham-charolaise.

Le *métissage* consiste à accoupler les mâles de la race améliorante avec les femelles de la race qu'on veut améliorer. Là s'arrête ce mélange et les animaux qui, provenant de ces accouplements, forment la première génération, sont ensuite accouplés entre eux indéfiniment et leurs descendants constituent une race mélangée ou métisse.

Les races améliorées par le métissage sont désignées par le nom de la race améliorante précédé du mot métis. Ainsi, les moutons communs, améliorés par le mélange avec la race de mérinos, s'appellent métis-mérinos.

L'agriculture tire encore parti de l'accouplement des reproducteurs appartenant à deux espèces différentes et en obtient des produits *hybrides ;* mais il faut remarquer que ce genre d'opération est une simple spéculation et non un procédé d'amélioration. Ainsi, de l'accouplement du baudet avec la jument, le cultivateur obtient le mulet et la mule, qui rendent de grands services ; mais les produits de cet accouplement ne peuvent contribuer à améliorer les espèces ni les races, parce qu'ils sont généralement inféconds.

Instruments particuliers à l'entretien du bétail.

Le hache-paille divise en parties aussi petites qu'on le désire, soit la paille, soit les fourrages fanés, soit les fourrages verts.

Fig. 20. — Hache-paille.

Le concasseur ou aplatisseur sert à casser ou à écraser les graines de toute nature, afin qu'elles soient plus facilement absorbées et digérées par les animaux.

Fig. 21. — Concasseur-aplatisseur de graines.

Le laveur sert à débarrasser les fourrages-racines de la terre qui y est adhérente.

Le coupe-racines sert à diviser les fourrages-racines en parties proportionnées aux exigences du bétail.

Fig. 22. — Coupe-racines.

36e LECTURE

Basse-cour.

On appelle basse-cour la cour destinée aux petits animaux de la ferme, où se trouvent les logements de ces animaux, appelés animaux de basse-cour.

Ces petits animaux ne sont pas considérés comme appartenant à la catégorie du bétail, parce qu'ils ne peuvent être rationnés comme le bétail, leur entretien ne pouvant être économique qu'à la condition de leur permettre de chercher une bonne partie de leur nourriture en liberté. Si ces petits animaux étaient tenus et nourris constamment dans leurs logements, ils manqueraient d'abord de santé et de rusticité, puis ils coûteraient plus cher qu'ils ne rapporteraient, parce que plus l'animal est petit, plus sa ration d'entretien est considérable proportionnellement à son poids. En vaquant en liberté dans la cour de la ferme, ces animaux se nourrissent d'une infinité de vers, de larves, d'insectes, de graines et même des herbes que l'instinct leur indique comme étant utiles à leur santé.

Le matin, avant d'être mis en liberté, ils doivent recevoir, soit dans leur cour, soit dans leurs logements, une ration de grains ou de criblures. Il doit en être de même le soir, pour les attirer vers leurs logements afin qu'ils ne passent pas la nuit dehors. Leurs logements doivent être secs, bien salubres et tenus dans un état de grande propreté, autrement ces animaux les abandonnent et vont passer leur nuit dans tout autre endroit.

Les petits animaux de la ferme comprennent ou peuvent comprendre le plus généralement cinq espèces d'oiseaux, qui sont : les *poules*, les *dindons*, les *pigeons*, les *oies* et les *canards*, puis un quadrupède mammifère, qui est le *lapin*.

Les poules, les dindons et les pigeons appartiennent à l'ordre des *gallinacés;* ils peuvent se percher. Les oies et les canards appartiennent à l'ordre des *palmipèdes;* ils ne peuvent se percher. Les lapins appartiennent à l'ordre des *rongeurs*.

Parmi ces six espèces, la fermière intelligente, qui désire réaliser des bénéfices, doit exclure les races de luxe et de fantaisie et n'entretenir que les races qui sont d'une vente courante et assurée.

En exposant ce que nous avons à dire sur ces six espèces de petits animaux, nous indiquerons très brièvement les conditions les plus économiques de leur *entretien*, de leur *reproduction* et de leur *engraissement*.

37e LECTURE

Poules.

Le logement des poules, c'est-à-dire le poulailler, doit être pourvu d'un perchoir incliné, afin que les animaux ne puissent se salir par leurs déjections; il doit être tenu avec la plus grande propreté.

Les races qui peuvent être entretenues avec le plus grand avantage sont la race commune, qui se trouve dans chaque localité, puis les races de Crève-Cœur, de Houdan et de La Flèche.

Il faut choisir pour mâle un coq qui a les allures fières et hardies d'un batailleur; il peut commencer son service à l'âge de trois mois et conserver sa vigueur pendant trois ou quatre ans; il peut servir quinze ou vingt poules.

La poule est adulte à dix mois et commence à pondre. Une bonne pondeuse peut pondre quatre œufs par semaine, excepté pendant la mue; elle ne doit être ni maigre ni trop grasse, parce que la poule maigre pond très peu et que la poule trop grasse pond des œufs sans coquille. La poule est vieille à quatre ans et doit être réformée.

Pour favoriser la ponte en hiver, il faut donner aux poules de l'avoine, ou du chènevis, ou du sarrazin, ou la graine du grand soleil.

Les œufs qui ne sont pas utilisés ou vendus immédiatement et qui sont destinés à être conservés, doivent être soustraits le plus possible à l'action de l'air; pour cela, ils sont placés soit dans la sciure de bois bien sèche, soit dans le sable fin bien sec, soit dans des grains bien secs.

On reconnaît que la poule est disposée à couver lorsqu'elle glousse. Quand on a intérêt à détruire ce désir chez elle, on la met à la diète dans un lieu obscur sous un panier pendant vingt-quatre heures, et trois ou quatres jours après elle se remet à pondre. Lorsque, au contraire, on a intérêt à faire naître ce désir chez la poule, on lui donne une nourriture excitante de chènevis et de pain trempé dans le vin, ou on la plume sous le ventre et on fouette avec des orties la partie plumée.

Il convient de choisir pour couveuses les poules grosses, âgées et très familières. On leur donne un nid très propre dans un endroit très sain et surtout bien tranquille. On met dans le nid une douzaine d'œufs en hiver et de quinze à dix-huit en été. Le choix des œufs a une très grande importance, parce que de ce choix peut dépendre le succès.

L'œuf comprend deux parties, qui sont le blanc et le jaune; le blanc est destiné à former le poussin et le jaune à le nourrir par le nombril, pendant l'éclosion. L'œuf qui contient deux jaunes contient peu de blanc et ne produirait qu'un poussin chétif et non viable : il doit donc être exclus. Doivent être exclus également comme impropres à l'incubation, les premiers œufs des jeunes poules d'un an, les œufs conservés et les œufs pondus depuis plus de vingt jours. La fermière doit donc choisir parmi les œufs pondus depuis vingt jours ou moins par des poules servies par un jeune coq et n'admettre que ceux qui sont bien transparents et ne surnagent pas sur l'eau.

La couveuse doit avoir de l'eau bien limpide et être bien nourrie, afin qu'elle ne soit pas tentée d'abandonner son nid. On la lève trois fois par jour pour la faire manger, et, pendant qu'elle mange, on visite la couvée, dont on enlève les œufs cassés.

L'incubation dure de vingt à vingt-deux jours. Avant l'éclosion, le poussin a la tête sous l'aile, comme les poules pendant le sommeil; c'est en retirant sa tête qu'il brise la coquille. Pendant l'éclosion il se nourrit du jaune de l'œuf; s'il paraît faible, on peut lui faire boire quelques gouttes de vin; le poussin ne vit pas lorsqu'il éclot trop promptement sans avoir absorbé le jaune de l'œuf.

Après l'éclosion, la mère est placée sous une mue où les poussins mis en liberté peuvent se rendre à son appel et passer la nuit sous elle. Pendant les cinq ou six premiers jours, les poussins sont nourris de mie de pain et d'œufs durs hachés menu et ensuite de grenailles; à cinq jours, on peut les faire sortir avec leur mère, en ayant soin de les garantir contre la pluie et le froid. Lorsqu'ils ont un mois, on choisit et on marque les plus forts et les plus gros pour en faire des coqs et des pondeuses.

Lorsque, chez les poussins, le duvet est remplacé par des plumes, les mâles deviennent poulets et les femelles poulettes; à l'âge adulte, les poulets sont des coqs et les poulettes sont des poules.

Les poulets destinés à la vente peuvent être engraissés de deux manières : 1° par le glanage sur les chaumes après la moisson; cet engraissement est très économique, mais les poulets ne sont pas vendus cher, parce qu'alors il y a abondance de poulets sur le marché ; 2° par la nourriture donnée à l'intérieur aux poulets séparés de leur mère, séparés également les uns des autres et placés chacun dans une case, ayant au dehors une auge double pour recevoir l'eau et la nourriture. On leur donne trois fois par jour une pâtée de son et de pommes de terre cuites. Après trois mois de ce régime, ils sont bons à vendre et se vendent très cher.

Les adultes peuvent être engraissés de la même manière, après avoir subi une opération qui rend l'engraissement moins long et plus économique; le coq châtré devenu *chapon* et la poule privée de l'ovaire devenue *poularde* s'engraissent très facilement et produisent une chair très délicate et très savoureuse.

38e LECTURE

Dindons.

L'espèce des dindons ne prospère pas sur les terres humides; elle ne prospère bien que sur les terres perméables et sèches.

Le mâle conserve le nom de dindon, la femelle s'appelle dinde. La race noire est la plus robuste. Ces animaux sont adultes à un an et vieux à cinq. Un mâle peut servir huit ou dix dindes. Lorsqu'ils ne couchent pas dehors, leur logement doit être silencieux et pourvu d'un perchoir incliné.

Les dindons se nourrissent comme les poules et vivent en pâture.

La dinde pond au printemps de quinze à vingt œufs; comme elle cherche à les cacher, elle ne doit sortir le matin qu'après la ponte; elle fait plus tard une deuxième ponte, dont les œufs ne doivent pas être couvés. Elle glousse comme la poule, et indique par là son désir de couver; c'est une excellente couveuse. Le nid des dindes couveuses est placé à terre dans un local bien tranquille et bien sec; elles doivent être séparées de manière à ne pouvoir pas se voler mutuellement leurs œufs. Les mâles doivent être surtout éloignés des couveuses pendant l'incubation.

Les dindes couveuses sont levées deux fois par jour et doivent être bien nourries, comme les poules couveuses. L'incubation dure trente jours, et, à l'éclosion, les couveuses doivent être surveillées et empêchées d'abandonner leur nid pour suivre les premiers dindonneaux éclos. Dans le premier âge, les dindonneaux sont très délicats; à leur égard, il faut éviter avec le plus grand soin la pluie, le brouillard, le froid et le grand soleil; ils doivent recevoir une nourriture fortifiante jusqu'au moment critique où ils prennent *le rouge*, c'est-à-dire où la membrane charnue et sans plumes qu'ils ont à la tête et au cou devient rouge. Cette nourriture est celle des jeunes poulets, plus des pâtées dans lesquelles entrent la laitue, les orties et les chardons. Les dindonneaux éprouvent la crise du rouge entre deux et trois mois; ils doivent recevoir alors une nourriture très fortifiante, composée d'œufs durs, de vin et de farine de blé réduits en pâtée.

Après avoir pris le rouge, les dindonneaux sont devenus très robustes; ils peuvent trouver leur nourriture sur les chaumes et passer la nuit dehors perchés sur un échafaudage placé sur le tas de fumier.

A l'âge de six mois, après avoir glané sur les chaumes, ils sont bons à vendre ou à engraisser. Pour les engraisser, on les enferme dans un lieu tranquille, sec et aéré, et on leur donne à discrétion un mélange de pommes de terre cuites, de farine d'orge, de sarrazin ou de maïs.

Pigeons.

Le colombier doit disparaître, ainsi que ses habitants, les pigeons fuyards, et être remplacé par la volière habitée par des pigeons sédentaires. La volière doit être exposée au levant ou au midi, ayant une auge dont l'eau est renouvelée tous les deux jours et elle doit être tenue avec la plus grande propreté.

La race qui doit être préférée est celle du pigeon mondain, pattu et huppé, le plus sédentaire et le plus productif. Il peut être nourri de vesce, de graines oléagineuses, de sarrazin ou de criblures. Il reçoit un modeste repas le matin en sortant de la volière et cherche ensuite le complément de sa nourriture dans la cour de la ferme.

Les pigeons sont adultes à six mois et vieux à quatre ans. La femelle peut faire huit ou dix couvées par an. L'incubation dure dix-huit jours et se fait alternativement par le mâle et par la femelle. Les pigeonneaux sont nourris par leurs parents pendant un mois et mangent seuls ensuite en cherchant leur nourriture comme père et mère, s'ils doivent être élevés comme reproducteurs, sinon ils sont bons à vendre ou à manger lorsqu'ils sont couverts de plumes avant de pouvoir voler; plus tard leur chair serait moins savoureuse.

39e LECTURE

Oies.

Dans cette espèce, la femelle conserve le nom d'oie et le mâle s'appelle jars. La race de Toulouse est la plus grosse et produit la chair la plus délicate.

Cette espèce est marcheuse et pâture comme les moutons; elle se nourrit des herbes fraîches et courtes qu'elle rencontre sur les chemins de la ferme et sur les friches; elle ne doit être conduite que sur les pâturages à défricher, parce que les herbes salies par sa fiente sont refusées par le bétail. Cette espèce convient, comme les dindons, à la culture extensive.

Les oies sont adultes à deux ans et vieilles à dix. Un jars peut servir six oies. Leur nourriture consiste en criblures qu'on leur donne le matin, et elles en cherchent le complément dans la cour et dans l'eau. Pour l'entretien et pour la reproduction des oies, une mare, un étang ou un cours d'eau sont indispensables, parce que les oies trouvent une partie de leur nourriture dans l'eau, et parce que leur accouplement n'a lieu que sur l'eau.

L'oie pond au printemps de quinze à vingt œufs. Elle ne doit sortir le matin qu'après la ponte, parce qu'elle déposerait son œuf au premier coin venu de la ferme.

Le nid des couveuses est placé à terre dans un lieu silencieux. L'incubation dure trente jours. Les couveuses sont levées et nourries comme les dindes couveuses. A mesure que les oisons éclosent, on les enlève et on les place en lieu chaud dans un nid garni de laine, sans leur donner aucune nourriture avant la fin de l'éclosion. Ils sont alors tous confiés à leur mère en lieu chaud.

Pendant huit ou quinze jours, leur nourriture consiste en bouillie de farine d'orge et de lait caillé avec du cerfeuil et des herbes tendres hachées.

A quinze jours, ils sont mis en liberté loin des grosses oies et des jars, et suivent leur mère au pâturage.

Les oisons et les oies peuvent être plumés en juillet et une seconde fois en octobre. Les oies adultes peuvent produire 500 grammes de plumes et les jeunes 300 grammes. La plume est mise au four, après la sortie du pain, pendant une demi-heure, et placée ensuite dans un lieu bien sec.

Les oisons et les oies peuvent arriver à un état de demi-engraissement par le glanage après la moisson et être vendus après avoir été plumés. La fermière peut en outre acheter des oisons et des oies maigres pour les engraisser par le glanage

6

après la moisson et les vendre également après les avoir plumés.

Un mode d'engraissement plus complet et plus productif consiste à placer l'oie en novembre, après l'avoir plumée sous le ventre, dans une boîte qui ne lui permette aucun mouvement, si ce n'est celui de la tête, qui peut atteindre à une auge double où se trouvent à discrétion de l'eau et une nourriture composée de lait avec farine d'orge, ou de sarrazin, ou de maïs, ou de pommes de terre cuites. Après trois semaines de ce régime, l'oie produit un foie parfait pour la confection des pâtés et une graisse d'une finesse extrême.

Lorsqu'on tue une oie, il faut avoir soin de la plumer encore chaude, afin de conserver à la plume toute sa valeur.

40e LECTURE

Canards.

Dans cette espèce, le mâle conserve le nom de canard et la femelle s'appelle cane.

Les canards sont essentiellement barboteurs, et prennent dans l'eau une bonne partie de leur nourriture; ils doivent donc trouver à proximité une mare, un étang ou un cours d'eau.

La race à adopter est la race commune, qui se trouve dans chaque localité, et mieux la race de Rouen, qui est la meilleure de toutes et dont la chair est supérieure à celle des oies.

Les canards sont adultes à dix-huit mois et vieux à huit ans. Un mâle peut servir huit ou dix canes. Ils reçoivent le matin une modeste ration de criblures et trouvent ensuite leur nourriture, soit dans la cour, soit dans l'eau. Les canards, ne grattant pas comme les poules, peuvent être introduits dans le jardin et en détruire toutes les limaces dont ils font leur nourriture.

La cane pond au printemps de trente à quarante œufs. Elle ne doit sortir le matin qu'après la ponte.

Comme elle pond plus d'œufs qu'elle n'en peut couver (de 15 à 18), ceux qui ne lui sont pas confiés peuvent être couvés par des poules ou très facilement vendus, parce qu'ils sont recherchés pour la pâtisserie.

Les nids sont placés à terre et bien séparés les uns des autres. L'incubation dure vingt-huit ou trente jours; les couveuses sont levées deux fois par jour et reçoivent la nourriture des canards à l'engrais. A l'éclosion, les canetons reçoivent pour nourriture un mélange de farine d'orge ou de pommes de terre cuites avec eau de vaisselle; près d'eux on place un bassin très plat contenant de l'eau pour leur boisson et pour leur barbotage.

A quinze jours, ils sont mis en liberté et, accompagnés par leur mère, ils cherchent leur nourriture dans la cour et dans l'eau.

A l'âge de dix mois ils sont bons à engraisser. Ils sont placés alors séparément dans un lieu silencieux, avec peu d'eau et recevant à discrétion la nourriture de leur jeune âge. Leur engraissement dure environ un mois; on reconnaît qu'il est terminé quand leur queue forme un éventail.

Quand on tue un canard, il faut l'étouffer et non le saigner afin que sa chair soit plus savoureuse.

41e LECTURE

Lapins.

Au sujet de ces petits animaux, qui ne cherchent pas au dehors une partie de leur nourriture comme les cinq espèces précédentes, nous prions le lecteur de bien se rappeler ce que nous avons dit sur la ration d'entretien et sur la ration de production (p. 67). C'est pourquoi nous disons que la spéculation sur les lapins peut être très avantageuse si la fermière sait recueillir pour eux toutes les plantes de sarclage et de rebut, ainsi que les débris de nourriture devenus presque sans valeur soit à la cuisine, soit dans les logements du bétail. Fort heureusement le lapin est très facile à nourrir parce qu'il mange de tout, depuis les légumes les plus délicats jusqu'aux feuilles sèches.

Dans cette espèce, le mâle conserve le nom de lapin, la femelle s'appelle hase et plus généralement lapine.

Les races les plus avantageuses à entretenir sont les grosses races de Rouen et des Flandres.

Le mâle est adulte à huit mois et vieux à quatre ans. Le bon mâle a l'œil vif et le naturel farouche; il ne doit pas engraisser pendant qu'il fait son service. La femelle est adulte à sept mois; elle est trop vieille lorsque son ventre devient traînant. Elle doit être réformée à quatre ans.

Le logement des lapins s'appelle clapier; il comprend plusieurs compartiments qui doivent être pourvus d'auges et de râteliers; les femelles peuvent être réunies jusqu'à l'approche de la mise bas. Les lapereaux de tout âge peuvent aussi être réunis jusqu'au moment de l'engraissement.

La nourriture des lapins doit être composée de manière que l'eau ne leur soit jamais nécessaire en dehors de leur nourriture, c'est-à-dire que leurs rations ou repas doivent comprendre des aliments verts ou aqueux mais non mouillés et des aliments secs ou fanés, parmi lesquels le son sec joue un rôle important. Les pommes de terre qui leur sont données doivent toujours être cuites; la betterave est meilleure que la carotte pour les mères qui allaitent. Enfin, toutes les plantes vertes ou fanées sont bonnes pour les lapins. Ils doivent faire deux repas en hiver et trois en été. Lorsqu'on a lieu de craindre l'hydropisie, appelée *gros-ventre*, il faut asperger les aliments d'eau salée.

Pour la fécondation, comme la hase est souvent en chaleur, il suffit de la mettre avec le mâle une heure seulement pendant le jour. On peut constater, douze jours après, si elle a été fécondée, en lui palpant le ventre. Elle peut faire six portées par an; chaque portée dure trente et un jours.

Lorsqu'approche le moment de la mise-bas, la hase pleine doit être placée dans une cabane séparée, bien nettoyée d'avance et y recevoir une nourriture abondante. Elle forme son nid de foin doux et du poil qu'elle arrache de son ventre.

Après la mise-bas, les lapereaux sont comptés : on n'en laisse à la mère que six ou huit et on détruit les plus chétifs ; ils ouvrent les yeux à dix jours et peuvent être sevrés à un mois. On sépare de la mère d'abord les plus forts, afin que le lait qui reste profite aux plus faibles, avant de tarir.

Les lapereaux peuvent être engraissés à l'âge de cinq mois, en recevant la même nourriture à discrétion.

Les lapins adultes peuvent être engraissés de la même manière.

42e LECTURE

Administration.

Pourvoir au fonctionnement le plus économique d'une exploitation s'appelle *administrer*. Ce n'est pas par l'étude d'un livre que le cultivateur peut devenir bon administrateur ; il apprend à bien administrer en s'exerçant, comme subalterne, à toutes les opérations et à toutes les combinaisons de la pratique dans une exploitation agricole bien dirigée.

L'administration embrasse trois fonctions distinctes qui sont : l'organisation, la direction et l'appréciation.

L'organisation comprend tous les éléments des deux industries dont se compose l'exploitation agricole, c'est-à-dire de l'industrie des cultures et de l'industrie du bétail.

Relativement à l'industrie des cultures, l'organisation comprend le système de culture, l'assolement et la rotation adoptés et en outre le choix des plantes qui doivent prédominer, soit les plantes industrielles, soit les céréales, soit les plantes fourragères, etc.

A l'organisation des cultures se rattachent les moyens que doit adopter le cultivateur pour empêcher la destruction des oiseaux et des petits animaux, qui sont pour lui non seulement des amis, mais encore des auxiliaires éminemment utiles à la conservation de ses récoltes. Il doit prendre les mesures les plus efficaces pour que les enfants ne détruisent pas les nichées des oiseaux ni les autres petits animaux qui lui rendent de si grands services. On peut comprendre toute l'importance de ces services, en considérant que le moineau nourrit sa nichée de plus de 700 hannetons, que le martinet sauve en un jour 3000 grains de blé et 1000 grappes de raisin en détruisant chaque jour plus de 5000 insectes, qu'un nombre de plusieurs millions d'insectes sont détruits par le roitelet et par la mésange, et qu'un nombre incalculable de vers, limaces, vers blancs, courtilières, larves de toute nature, mulots, souris et petits rongeurs sont détruits par le corbeau, par les oiseaux de proie, par le hérisson et par le crapaud.

En ce qui concerne l'industrie du bétail, l'organisation comprend surtout les spéculations prédominantes, soit sur l'élevage, soit sur l'engraissement, soit sur la production de la laine, soit sur la production du lait, du beurre, du fromage, etc.

Pour se rendre compte de la direction, il faut considérer tous les éléments adoptés par l'organisation comme constituant les organes, les rouages d'une fabrique, qui doivent être mis en mouvement ou au repos en temps opportun. La direction de l'exploitation agricole consiste donc à faire fonctionner, avec la plus grande prudence, toutes les branches d'exploitation déterminées et adoptées par l'organisation.

L'appréciation a pour but de constater le résultat financier favorable ou défavorable de toutes les opérations de l'exploitation agricole. Elle indique non seulement celles qui donnent des pertes ou des bénéfices, mais encore celles qui peuvent produire les plus grands bénéfices. L'appréciation des opérations et des produits de l'exploitation rurale s'appelle *comptabilité agricole;* elle guide le cultivateur, en lui indiquant les changements plus avantageux qu'il peut faire dans l'organisation de son exploitation, soit en supprimant telle ou telle branche, soit en faisant prédominer telle ou telle autre branche d'exploitation. Les résultats concluants que nous avons obtenus par notre expérience personnelle nous autorisent à dire que la *comptabilité* est la *boussole* du cultivateur.

La comptabilité est tenue d'après deux méthodes qu'on appelle comptabilité *en partie simple* et comptabilité *en partie double*. D'après la première méthode, chaque valeur inscrite figure sur un *seul* compte ; d'après la seconde, chaque valeur inscrite figure sur *deux* comptes, dont l'un est débiteur et l'autre créditeur. La méthode en partie simple peut, à la rigueur, suffire à la petite culture ; mais, pour une exploitation de quelque importance, la *véritable* situation du cultivateur ne peut être déterminée que par l'usage de la méthode en partie double.

Comme, en raison du cadre restreint de cet ouvrage, nous ne pouvons exposer ici la théorie complète de la comptabilité agricole, théorie qui serait d'ailleurs difficilement comprise par des enfants, nous devons nous borner à exposer le genre de comptabilité le plus simple, comprenant les recettes, les dépenses et l'inventaire, à l'aide desquels le petit cultivateur peut se rendre compte de sa situation financière à la fin de chaque année.

Les recettes et les dépenses peuvent être divisées en trois catégories comprenant les récoltes, le bétail et les objets divers. Par la comparaison des recettes et des dépenses dans ces trois catégories, le cultivateur constate ce que lui ont rapporté et coûté en argent les récoltes, le bétail et les objets divers. Mais l'argent ne constitue pas seul la fortune du cultivateur. Sa fortune comprend également tout ce qu'il possède et qui n'est pas réalisé en argent. Cette partie de sa fortune est déterminée par l'inventaire, dont le résultat, joint à l'argent en caisse, indique son avoir à la fin de l'année.

43e LECTURE

Inventaire.

L'inventaire est l'état estimatif des objets que le cultivateur possède et de ceux qu'il doit. Cet état comprend donc deux parties : 1° l'actif, c'est-à-dire la valeur des objets existants, les sommes dues au cultivateur et les espèces en caisse ; 2° le passif, c'est-à-dire l'indication des valeurs que doit le cultivateur. La différence entre l'actif et le passif indique l'avoir du cultivateur à la fin de l'année. Par la comparaison du résultat de cet inventaire avec celui de l'inventaire précédent, le cultivateur constate l'importance de ce qu'il a gagné ou de ce qu'il a perdu.

Il faut bien remarquer que, pour ce genre de comptabilité, l'inventaire ne doit comprendre que les objets réalisables en argent, soit par la vente sur le marché, soit par suite de cessation de culture. Ainsi, ne doivent pas y figurer les pailles, les fourrages, ni le fumier, que généralement le fermier n'a pas le droit de vendre.

L'inventaire peut être établi à différentes époques correspondant, selon les usages locaux, au moment de l'entrée en ferme. Néanmoins, la fin de décembre nous paraît être l'époque la plus convenable, quoique le battage des récoltes puisse n'être pas terminé. Par le rendement des battages précédents, le cultivateur peut alors se rendre compte du rendement des récoltes non battues.

Les modèles que nous donnons ci-dessous sont incomplets dans leurs détails, parce qu'ils n'ont pour but que d'indiquer la manière de tenir les écritures du livre de recettes, du livre de dépenses et du livre d'inventaire.

MODÈLES

Recettes.

DATES	INDICATION DES RECETTES	RÉCOLTES		BÉTAIL		OBJETS DIVERS	
Janvier 2	Reçu pour 2 hect. de blé. .	40	»	»	»	»	»
	Reçu pour 2 paires de poulets.	»	»	»	»	5	»
dº 7	Reçu pour vente d'un cheval.	»	»	600	»	»	»
	dº pour 2 hect. d'avoine. .	19	»	»	»	»	»
	dº pour 2 douz. d'œufs. .	»	»	»	»	1	50
	dº pour 2 livres de beurre.	»	»	2	20	»	»
dº 9	Reçu pr 4 douz. de pommes.	»	»	»	»	1	60
	dº pr 2 paires de pigeons.	»	»	»	»	1	»
	dº pr 1 lapin.	»	»	»	»	1	75
dº 20	Reçu pour vente d'un veau.	»	»	45	»	»	»
dº 25	Reçu pour 20 litres de lait. .	»	»	3	»	»	»
	dº pour 3 livres de beurre.	»	»	3	45	»	»
dº 27	Reçu de Joseph 250 fr. à lui prêtés en décembre 1880. .	»	»	»	»	250	»
dº 30	Reçu pour 2 hect. d'avoine. .	19	50	»	»	»	»
	dº pour 6 gorets à 15 fr. .	»	»	90	»	»	»
Du 1er fév.	Reçu pour récoltes.	925	»	»	»	»	»
à	Reçu pour bétail.	»	»	328	»	»	»
fin déc.	Reçu pour objets divers. . .		»	»	»	238	»
		1003	50	1071	65	498	85
	Bétail.					1071	65
	Récoltes.					1003	50
	Total de la recette.					2574	00

Il faut remarquer que les petits animaux de la basse-cour et leurs produits n'appartiennent pas à la catégorie du bétail.

Dépenses.

DATES	INDICATION DES DÉPENSES	RÉCOLTES		BÉTAIL		OBJETS DIVERS	
Janv. 1er	Payé pour étrennes.	»	»	»	»	3	50
	d° au batteur.	18	»	»	»	»	»
d° 3	Payé pour saillie d'une vache.	»	»	2	»	»	»
d° 4	Payé au vétérinaire.	»	»	15	»	»	»
d° 10	Payé au propriétaire pour moitié du fermage.	»	»	»	»	300	»
	Prêté à mon fils Adolphe. .	»	»	»	»	120	»
d° 15	Payé pr fumier ach. au village	17	»	»	»	»	»
d° 17	Payé pr dépenses au marché.	»	»	»	»	1	75
	d° pour tourteaux destinés au bétail.	»	»	16	»	»	»
d° 22	Payé au médecin.	»	»	»	»	18	»
d° 25	Payé pour 1 hect. d'avoine	»	»	»	»	»	»
	de semence.	10	»	»	»	»	»
	Payé pour graine de trèfle. .	9	»	»	»	»	»
d° 27	Payé pour achat d'un cheval.	»	»	450	»	»	»
Du 1er fév.	Payé pour récoltes	175	»	»	»	»	»
à	Payé pour bétail.	»	»	226	»	»	»
fin déc.	Payé pour objets divers. . .	»	»	»	»	418	»
		229	»	709	»	861	25
	Bétail.					709	»
	Récoltes.					229	»
	Total des dépenses.					1799	25

Le montant des recettes étant de.	2574	»
celui des dépenses étant de.	1799	25
Au 31 décembre 1884 il reste en caisse.	774	75

INVENTAIRE

Inventaire établi le 31 décembre 1884.

Actif.

Mobilier de maison	700	»
Linge et vêtements	900	»
Matériel roulant	600	»
Matériel d'intérieur	400	»
Chevaux	1.100	»
Vaches	1.200	»
Porcs	150	»
Basse-cour	75	»
15 hectolitres de blé en grenier	300	»
12 hectolitres d'avoine en grenier	108	»
8 hectolitres de pommes de terre	32	»
40 hectolitres de blé à battre	800	»
22 hectolitres d'avoine à battre	198	»
Argent en caisse au 31 décembre	774	75
Dû par mon fils Adolphe	120	»
	7.457	75

Passif.

Dû à l'épicier	57	75		
Dû au bourrelier	36	20		
Dû au maréchal	28	»		
Dû au vétérinaire	12	»		
Dû au batteur	22	50		
A déduire	156	45	156	45
Avoir du cultivateur au 31 décembre 1884			7.301	30
En admettant que le résultat net de l'inventaire précédent eût été de			6.425	15
ce petit cultivateur aurait réalisé en 1884 un bénéfice net de			876	15

TABLE DES MATIÈRES

Quatrième Partie.

LE BÉTAIL

BASSE-COUR

Administration.

Paris. — Imp. de la Soc. anon. de publ. périod. — P. Mouillot. — 53298.

www.ingramcontent.com/pod-product-compliance
Ingram Content Group UK Ltd.
Pitfield, Milton Keynes, MK11 3LW, UK
UKHW021108200726
13857UKWH00003B/1137